JAHN J KASSL

AUFERSTEHUNG

AUFERSTEHUNG

GESPRÄCHE VON **JAHN J KASSL** MIT

MEISTER KUTHUMI
MEISTER ST. GERMAIN
VENUS KUMARA
MEISTER EL MORYA
SERAPHIS BEY
MEISTER ST. GERMAIN
SANANDA
RA
ERZENGEL ARIEL
BABAJI
SAI BABA
MUTTER MARIA
JESUS CHRISTUS
DIE GROSSE BAUMSEELE
MEISTER USUI

APRIL 2021 – APRIL 2022

INHALT

Es ist keine Willkür, dass wir heute derart gefordert werden, und es ist kein Zufall, dass wir exakt heute, hier und jetzt inkarniert sind – ein jeder da, wo er/sie richtig und wichtig ist! Wer den tiefen Sinn des aktuellen Zeitgeschehens und den Sinn seines eigenen Daseins erfasst hat, dem kann nichts und niemand mehr etwas anhaben.

Genau darum geht es in diesem Buch.

Ich lege es mit Liebe in Ihre Hände.

JAHN J KASSL

VORWORT DES AUTORS

DER TIEFE SINN DIESER ZEIT

Mit großer Freude darf ich Ihnen mit AUFERSTEHUNG den 11. Band der Meisterdialoge vorlegen. Dieses umfassende Werk ist nicht nur eine Fortsetzung unserer wunderbaren Edition, sondern ist vor allem ein Zeitdokument, das sich eingehend mit der aktuellen Lage auf der Erde auseinandersetzt und die Angelegenheiten, die uns derzeit über alle Maßen fordern, aus übergeordneter – göttlicher – Sicht beleuchtet.

Im Laufe von 12 Monaten, vom 8. April 2021 bis zum 7. April 2022, konnte ich die aktuellen – manchmal sogar die tagesaktuellen Entwicklungen den Aufgestiegenen Meistern und den Erzengeln vortragen. Wie so oft, erhielt ich überraschende Antworten, Mut machende Botschaften und tiefgehende Einsichten in die spirituellen Prozesse, die unsichtbar für unsere Augen das Zeitgeschehen im Wesentlichen bestimmen.

Was sich derzeit auf der Weltbühne ereignet und abspielt, hat einen tiefen Sinn und folgt einem göttlichen Plan. Es ist keine Willkür, dass wir heute derart gefordert werden, und es ist kein Zufall, dass wir exakt heute, hier und jetzt inkarniert sind – ein jeder, da wo er/sie richtig und wichtig ist!

Dies zu verstehen und zu verinnerlichen, ist von größter Bedeutung. Denn wie sonst wollen wir bei Verstand bleiben, wenn wir täglich von so viel Irrsinn umgeben sind? Sobald wir tiefer graben und dahinter blicken, offenbaren sich uns eine neue Ebene und eine gänzlich andere Welt. Plötzlich wird alles verständlich und begreifbar! Wir erfassen, warum sich die Dinge jetzt genauso ereignen, wie sie sich ereignen – und warum sich alles, bevor es besser wird, noch mehr zuspitzen muss.

Wer den tiefen Sinn des aktuellen Zeitgeschehens und den Sinn seines eigenen Daseins erfasst hat, dem kann nichts und niemand mehr etwas anhaben.

Genau darum geht es in diesem Buch, genau da hinein erstreckt sich die Wirkung dieses Werkes. In 33 Gesprächen vermitteln uns Hohe Lichtwesenheiten die Tatsache, dass wir als Menschheit jetzt den größten Bewusstseinssprung seit unserer Erschaffung vollziehen und dass wir als Individuum im Lichte Gottes wiedergeboren und auferstehen werden. Auch wenn wir den Sinn mancher Ereignisse im außen nicht immer sofort verstehen können, so dienen sie alle jedoch diesem Prozess und unterstützen uns bei unserer Selbstfindung und bei der Heimkehr zu Gott.

So ist auch in der vorliegenden Gesprächsreihe das Themenspektrum umfassend. Gleich zu Beginn erhalten wir von MEISTER KUTHUMI Einblick in die „Neue Phase des Aufstiegs" und im darauffolgenden Gespräch mit MEISTER ST. GERMAIN erfahren wir, warum sich alles am Ende zum Guten wendet. „Zum Schluss die Gnade Gottes" heißt es durch VENUS KUMARA und wir sehen, wie wir die Stürme der Zeit handhaben können und überstehen werden.

Natürlich ist „Corona" auch in diesem Buch Thema. Schließlich waren die vergangenen zwei Jahre geprägt davon und immer wieder flossen diesbezügliche Fragen in einzelne Kapitel ein.

In „Freiheit durch die Corona-Impfung?" gibt uns MEISTER EL MORYA einen tiefen Einblick und bringt die Situation klar auf den Punkt.

Wie ein roter Faden ziehen sich die Themen „Freiheit des Menschen", „Göttlicher Schutz" und die „Gnade Gottes" durch jede Zeile dieses Buches. Mitten in der größten Krise standfest zu bleiben in und mit GOTT, gibt es eine größere Herausforderung und gibt es ein erstrebenswerteres Ziel für uns Menschen?

SERAPHIS BEY lädt uns alle ein, uns mit der weiß-kristallinen Flamme von der Trauer – von jeder Trauer – zu befreien. Vor allem jetzt, da die Spaltung durch Familien, Freundschaften und Beziehungen hindurchgeht, werden unsere Akzeptanz und Liebesfähigkeit auf eine große Probe gestellt.

„Wo bleibt Gott", frage ich in einer weiteren Botschaft, „und warum greift Gott nicht ein?" Daraufhin gibt uns SANANDA Einblick über das „Erblühen der Menschen mitten in den Stürmen dieser Zeit".

Der Bewusstseinskomplex RA vermittelt uns in der Botschaft „Das ist deine Reise" feinsinnig wie feinfühlig, dass wir Wesenheiten der Liebe und des Mitgefühls sind. In der Folge werden die Fragen „wann Karma erlassen wird" und „ob eine Seele ganz verloren gehen kann" eingehend betrachtet.

In „Erwacht! Erhebt euch!“ spricht MAHAVATAR BABAJI von der „Großen Revolution“ und gibt Antwort auf die Frage, ob es eine Rettung für Corona-Geimpfte gibt?

Dann folgt der „Paros-Zyklus“ mit den Botschaften „Chinesische Soldaten in Europa“, „Die Apothekerin von Dryos“ und „Im Raumschiff auf einer anderen Welt“ mit BABAJI, MEISTER ST. GERMAIN und ERZENGEL ARIEL.

In „Wunder sind das Natürlichste“ teilt sich SAI BABA uns mit, spricht von der Erleuchtung und wie wir sie in diesem Leben erlangen können. Warum sind viele von uns derzeit so oft erschöpft und müde? Was sollen wir tun? Ganz praktisch werden wir von der geistigen Welt begleitet – es werden uns wertvolle Hinweise gegeben und Hilfestellungen vermittelt.

Gibt es gutes und schlechtes Karma? Bist du „Spielball oder Spieler“? Das Gespräch mit MUTTER MARIA erinnert dich daran, wer du in Wirklichkeit bist.

Weiter geht es mit dem ersten und zweiten Teil der AUFERSTEHUNG. Diese Gespräche mit JESUS CHRISTUS bringen die Macht unseres Geistes zum

Vorschein, sie handeln vom „Schicksal", von der „spirituellen Praxis", von der „Inanspruchnahme deiner Göttlichkeit" und „Gibt es die leibliche Auferstehung wirklich?"

Was ist Erfolg wirklich? Macht es Sinn, jemandem etwas zu sagen? Gibt es einen Weg aus der Krise? Auch darauf erhalten wir von der erlesenen Schar der Meister tiefgreifende Antworten.

Im Folgenden meldet sich die GROSSE BAUMSEELE und übermittelt die Botschaft „Wir stärken alle Menschen!" Wir erfahren, dass uns im wahrsten Sinne des Wortes „Himmel und Erde" zur Seite stehen, dass wir unterstützt werden und geliebt sind.

„Das kollektives Erwachen beginnt in Österreich!" und das „18 Uhr Licht - die Flamme für Frieden & Freiheit", zeigen, wodurch dieses Erwachen an Kraft gewinnt und beschleunigt werden kann.

„Öffne dich für Gott, denn Wunder wird es viele geben!" sagt uns MEISTER USUI im Zusammenhang mit dem Ukraine-Russland-Konflikt und auch die Frage, ob es zu einem Atomkrieg kommen könnte, wird hier beantwortet.

Danach wird es etwas leichtfüßiger und ich frage, ob es etwas Gutes an schlechten Gewohnheiten gibt? Die Antwort ist auf jeden Fall spannend und für manche womöglich auch erleichternd.

SANANDA lenkt meine Aufmerksamkeit auf das Leben. In der Botschaft „Das Leben kehrt zurück auf diese Erde" wird erneut das aktuelle Zeitgeschehen um Russland, Corona und Krieg beleuchtet und erläutert. Wie groß ist unser Schutz? Verschieben sich Zeitlinien? Wie können wir innerlich stabil bleiben?

Den krönenden Abschluss dieses Buches bildet der dritte Teil des Gespräches AUFERSTEHUNG mit JESUS CHRISTUS – das Themenspektrum dieses Buches zusammengefasst in einem Gespräch. Die Essenz von Liebe und Licht begegnet Ihnen in jeder Zeile: Es ist das lebendige CHRISTUSBEWUSSTSEIN.

So heißt es auf den letzten Seiten:

„Vergesst bitte niemals: Die Erhebung gehorcht dem göttlichen Plan und wer ist imstande, einen göttlichen Plan zu durchkreuzen?

Sei frei von Furcht und voller Vertrauen in Gott!

Dieser Zyklus geht zu Ende und ein neuer Kreis beginnt. Alles, was jetzt vergeht, vergeht zum letzten Mal, denn du erbst das Himmelreich auf Erden – in Ewigkeit! Gott ist mitten unter euch und ich bleibe bei dir bis ans Ende dieser Tage.

In vollkommener Liebe."

Mit diesem Buch schließt sich der Kreis von der „ERLÖSUNG" (Meisterdialoge 9)[1], über die „VOLLENDUNG" (Meisterdialoge 10)[2], bis zur „AUFERSTEHUNG" (Meisterdialoge 11),

Ich lege es mit Liebe in Ihre Hände.

JAHN J KASSL

„Die große Reinigung auf allen Ebenen hat begonnen – größer als in Schriften beschrieben, aber mit weniger dramatischen Umständen als in Prophezeiungen vorhergesagt.“

MEISTER KUTHUMI

EINE FASZINIERENDE REISE BEGINNT

MEISTER KUTHUMI

NEUE PHASE IM AUFSTIEGSPROZESS
LICHT GEWINNT DIE OBERHAND

8. APRIL 2021

NEUE PHASE IM AUFSTIEGSPROZESS

Eine neue Phase im Aufstiegsprozess hat begonnen – eine neue Ebene ist erreicht! Von nun an wirken sich die lichtvollen Absichten der Menschen unmittelbar aus – das Warten auf die sichtbaren Erfolge hat ein Ende.

Geliebte Menschen,

die Energiequalität auf Erden ist heute eine andere. Alte Lebenskonzepte können und werden dem Energiezufluss aus dem Sein nicht standhalten. Rechnet damit, dass bestimmte Institutionen jetzt zusammenbrechen und dass Menschen, die sich bis zuletzt an diese Matrix festklammern, mit dieser Matrix vergehen werden.

Die große Reinigung auf allen Ebenen hat begonnen – größer als in Schriften beschrieben, aber mit weniger dramatischen Umständen als in Prophezeiungen vorhergesagt.

Gott breitet seine schützenden Arme über die Menschen, die bereit sind, aus. Gott kennt dich und Gott sorgt ab jetzt für dich!

Lass dich also vollkommen in die Hände Gottes fallen! Das ist der einzige und wesentlichste Auftrag an dich.

Das Rad der Zeit dreht sich weiter und es dreht sich so lange, bis die Frequenz für den Aufstieg erreicht ist. Aufstieg bedeutet immer auch Abstieg, denn nicht alle Menschen wollen und werden auf die Ebene des Lichts hinübergleiten.

Die Einheit aller Menschen, die Gesundung der Erde und die Hinwendung zu Gott sind nicht für jeden erstrebenswert. Seelen, die sich erproben und erfahren wollen, werden einen anderen Weg wählen. Sie haben schon gewählt! Das Ergebnis tritt in diesen Tagen überdeutlich hervor. Quer durch Freundschaften und Familien hindurch ziehen sich die Trennlinien. Was für die Einen gelebt ist, ist für die Anderen ein spannendes Abenteuer. Unterschiedliche Lebensaufträge haben euch hierhergeführt und für eine bestimmte Dauer zusammengebracht.

Jedoch in einer Zeit des Wandels, in einer Zeit, in der sich die Spreu vom Weizen trennt, kann nur noch zusammenfinden, was zusammengehört – darüber hinaus nimmt alles seinen Lauf und geht ein jeder Mensch seine eigenen Wege.

LICHT GEWINNT DIE OBERHAND

Jetzt gewinnt das Lichte die Oberhand! Es zeichnet sich ab, dass sich das Dunkle nicht mehr halten kann. Überall werden die Brüche im System sichtbar und überall lösen sich die alten Strukturen auf.

Die Welt, wie sie war, wird es niemals wieder geben und die Welt, wie sie sein wird, rückt immer näher – Freiheit, Einheit und Frieden. Die Ebene des Unrechts wird verlassen und die Zeit der Gerechtigkeit beginnt.

Menschen, die dafür geboren wurden, und Wesenheiten aus anderen Sternensystemen tragen jetzt die Verantwortung für den Umbau dieser Gesellschaft.

Gleichzeitig setzen sich die Reinigungen fort, die Reinigungen, die Mutter Erde selbst veranlasst, und die Reinigungen, die für die Menschen innerlich notwendig sind. Neue Heilverfahren gewinnen Akzeptanz und die Menschen, die bis hierher mitgegangen sind, da sie die Schwingung von Liebe gehalten haben, werden in Windeseile von ihren körperlichen und seelischen Leiden befreit.

Technologien, die den Menschen dienen – und nicht denen, denen der Mensch dienen muss – werden vorgestellt. Eine unglaublich faszinierende Reise beginnt.

Geliebter Mensch,
bleibe dir selbst treu! Lebe dein Leben und verwirkliche deine Aufträge! Es geht nur darum. Alles andere wird dir gegeben, alles andere geschieht durch den Willen Gottes.

Erweise dem Leben und Gott die Ehre! Erweise dich als würdig!

In unendlicher Liebe

MEISTER KUTHUMI

„Es geschieht, dass sich alles
zum Guten wendet.
Seid euch gewiss:
Der Nebel löst sich auf."

MEISTER ST. GERMAIN

ALLES KOMMT ZUM GUTEN

MEISTER ST. GERMAIN

ES GESCHIEHT!

12. APRIL 2021

ES GESCHIEHT!

KEIN TRAUM: *Nach einem sehr erholsamen Schlaf wache ich mit der vollkommenen Gewissheit auf, dass sich alles zum Guten wenden wird. Bisher war mir das zwar vom Verstand her klar, doch innerlich kamen regelmäßig Zweifel auf. Seit heute Morgen ist das anders. Ich hatte wohl einen Traum, doch ich kann mich an nichts erinnern. Was ich weiß, ist, dass ich irgendwo war, dass ich dort mit Energie aufgeladen sowie mit Wissen und Kraft versorgt wurde.*

MEISTER ST. GERMAIN: Du warst bei uns in den kristallinen Reichen des Lichts. Du hast die letzte innere Gewissheit, dass sich alles ins Licht dreht und am Ende zum Guten wendet, erhalten. Du wurdest auf Seelenebene vollständig ins Vertrauen gebracht und über den positiven Ausgang des Wandels auf dieser Erde in Kenntnis gesetzt.

JJK: Warum erinnere ich mich dann nicht an Details? Warum hatte ich einen Traum ohne Erinnerung?

MEISTER ST. GERMAIN: Dir wurde spirituelle Energie übertragen, Details würden deinen Verstand beschäftigen und dich ablenken.

Genieße dieses Gefühl und beobachte, wie es sich im Alltagsbewusstsein ausbreitet, wie es sich verfestigt und in dir verankert.

Für alle Menschen!

Es geschieht, dass sich alles zum Guten wendet. Seid euch gewiss: Der Nebel löst sich auf. Das Licht durchdringt eure Seelen und die Liebe erobert eure Herzen. Ihr werdet auf den großen Tag eingestimmt. So habt noch ein wenig Geduld. Es geschieht!

„Der Erwachte blickt außerhalb der Zeit auf die Zeit."

VENUS KUMARA

ZUM SCHLUSS DIE GNADE GOTTES

VENUS KUMARA

REPARATURARBEITEN
WIE UNGEDULD ENTSTEHT
DER GROSSE STURM

6. MAI 2021

REPARATURARBEITEN

JJK: Nach meiner Meditation – es waren wieder ein paar energetische „Reparaturarbeiten" nötig – schlage ich im Buch „Jesus und Sai Baba" zufällig eine Seite auf und lese: *„Zum Schluss – und das ist das Wichtigste – kommt die Gnade des Herrn. Wenn der Schüler sich immer wieder bemüht, obgleich er immer wieder versagt, wenn alles hoffnungslos erscheint und er letztlich seine eigene Hilflosigkeit erkennt, dann kommt die göttliche Gnade. Das Licht scheint auf, die Freude durchströmt ihn, das Wunderbare ereignet sich. Er schreitet einen weiteren Schritt vorwärts auf dem spirituellen Pfad."* [3]

Ich dachte sofort an die ganze Menschheit, an die vielen Lichtarbeiter, Lichtwesenheiten und Lichtkrieger, die sich alle Mühe geben, um die Erde in das lichte und goldene Zeitalter zu führen – und die doch immer wieder das Gefühl haben zu scheitern. Die Früchte der lichtvollen Arbeit sind im gesellschaftspolitischen Kontext kaum zu sehen.

Manchmal habe auch ich den Eindruck, dass unsere Anstrengungen einer Sisyphusarbeit oder einem Kampf gegen Windmühlen gleichkommen.

Doch am Ende siegt das Licht durch die Gnade Gottes! Ist überhaupt irgendetwas ohne die Gnade Gottes möglich?

VENUS KUMARA: Seid umfangen in meiner Liebe! Ich bin bei dir, geliebter Mensch!

Die Gnade Gottes ist allgegenwärtig und sie erreicht jeden Menschen, der bestrebt ist, sein Leben auf Gott auszurichten. Nur die Toten - die lebenden Toten, die jede Wahrnehmung des Göttlichen leugnen - bleiben von der Gnade ausgeschlossen. Aufgrund der eigenen Entscheidung können sie diese Berührung nicht erfahren!

Die Gnade Gottes kommt in der Fürsorge und Liebe des Schöpfers zu allem, was ist, zum Ausdruck. Sobald sich ein Mensch für diese Wahrheit mit dem Herzen öffnet, erkennt er, wie nahe Gott in Wirklichkeit ist. Die Präsenz Gottes wird über das Herz erfahren. Ist ein Herz verschlossen, so hat auch Gott keinen Zutritt, ist es offen, so kann Gott darin wohnen.

JJK: Warum haben Menschen, die sich durchaus am „spirituellen Pfad“ befinden, dann so oft das Gefühl, mit den Schwierigkeiten alleine dazustehen?

VENUS KUMARA: Der Schleier vor eurem Bewusstsein bewirkt das. Dieser wird nach und nach entfernt und erst am Ende ist die Sicht auf das Ganze frei - und erst dann ändert sich alles.

WIE UNGEDULD ENTSTEHT

JJK: Könntest du etwas dazu sagen, dass sehr viele Lichtarbeiter oft den Eindruck haben, es ändere sich kaum etwas auf der realpolitischen Ebene.

VENUS KUMARA: Diese Ebene wird ausgehöhlt, bis von ihr nichts mehr übrig ist. Das ist ein Vorgang, der Zeit braucht und dem ihr Zeit geben sollt.

Ungeduld entsteht dann, wenn ihr trüben Gedanken nachgeht oder wenn ihr vom Alltag geschwächt seid und keine Kraft mehr für das Positive aufwenden könnt. Dann ist es am besten, in die Stille, in die Natur oder in die Meditation zu gehen.

Diese „Reparaturarbeiten" an deiner Wahrnehmung gilt es regelmäßig durchzuführen, vor allem aber dann, wenn du Negativität in dir aufgenommen hast.

Ein klares Bewusstsein schwingt höher und willst du trübe Gedanken vertreiben, dann kommt es auf diese höhere Eigenschwingung an.

JJK: Ich möchte nochmals auf die göttliche Gnade zurückkommen! Das heißt, am Ende wird Gott in das Zeitgeschehen direkt eingreifen!

VENUS KUMARA: Gottes Allgegenwart ist sprichwörtlich! So wird Gott am Tag, der nahe ist, in das Zeitgeschehen auf dieser Erde direkt eingreifen.

DER GROSSE STURM

Gott wird jene Kinder, die bereit sind, in das Himmelreich heimführen. Die Erde erhält ein neues Gesicht und die Menschen, die auf der verwandelten Erde leben, werden selbst verwandelt sein – neugeboren – im Herzen voller Liebe und im Geiste voller Schöpferkraft. Die Menschen, die diese Erde nach dem großen Sturm bevölkern, sehen sich als Bewahrer allen Lebens und als Beschützer alles Lebendigen.

Ich spreche hier vom großen Umbruch, der durch einen großen Sturm entfacht wird.

Am Ende ist alles LICHT, alles geheilt und alles, was der NEUEN ERDE nicht zuträglich ist, verschwunden und aufgelöst.

Dieser Umbruch ist nur möglich, weil ihr unermüdlich am Gelingen des lichtvollen Wandels mitgestaltet. Was am Ende geschehen wird, kann nur durch eure Vorbereitungsarbeiten ausgelöst werden. Ihr seid die Hauptakteure und auf jeden einzelnen Menschen kommt es an.

Hoffnungslosigkeit und Enttäuschungen sind die Prüfung, die auf diesem Weg zu bestehen ist.

Das lange Warten stärkt euer spirituelles Bewusstsein, denn der Geduldsfaden kann nur reißen, wo die Verbindung zu Gott unterbrochen ist. Der Erwachte blickt außerhalb der Zeit auf die Zeit.

Spirituell zu sein, heißt, hinter den Zeiterscheinungen die zeitlose Macht Gottes zu sehen, und heißt, sich von Gott bewegen zu lassen. Wenn dir das gelingt, bist du orientiert und in Frieden. Eine intakte Nabelschnur zur Mutter allen Lebens, zu Gott oder der Göttin in dir, lässt dich Freude anstatt Zweifel erleben.

JJK: Es liegt also an uns selbst?

VENUS KUMARA: Alles liegt in deinen Händen und doch ist alles möglich nur mit Gott. Das Wunderbare ereignet sich, weil du durchgehalten hast und weil das Feuer der Sehnsucht unentwegt in deinem Herzen lodert.

Nun überlasse dich deinen inneren Bildern und der Gnade in Gott.

Ich segne dich in der Liebe des EINEN, der da ist – der unbewegte Beweger deines Lebens.

Ich bin

VENUS KUMARA

„Gehe mit dem System keinen Vertrag ein – und die mRNA-Impfung ist ein Vertrag. Damit erklärst du dich einverstanden, dass das System über deinen Körper und über deine Psyche verfügen darf."

MEISTER EL MORYA

FREIHEIT DURCH DIE CORONA-IMPFUNG?

MEISTER EL MORYA

WAS IST DIE LÖSUNG?
FREIHEIT MIT IMPFPASS?
GOTTVERTRAUEN IST DER SCHLÜSSEL

8. MAI 2021

WAS IST DIE LÖSUNG?

Gott in SEINER Herrlichkeit und der Mensch in SEINER Liebe zu Gott bedeuten Vollkommenheit – und dieser Erkenntnis kommt ihr immer näher!

Geliebte Menschen,
alles, was euch heute Sorgen bereitet und zu Ängsten führt, wird sich mit einem Schlag und an einem Tag erledigen. Es gibt keinen Grund, den Ereignissen zu misstrauen oder durch das lange Warten auf Erlösung den Mut zu verlieren.

Den Tod gibt es bald nicht mehr und auch kein Sterben. Sobald du neugeboren bist, fällt alles ab und du siehst, wer du bist und welche glorreiche Zukunft dir bevorsteht.

Die aktuellen Ereignisse stellen dich manchmal vor nahezu unlösbare Aufgaben. Wie kann man den immer enger werdenden Fesseln des 3D-Systems entkommen und wie kann man dabei seelisch, psychisch und physisch unbeschadet bleiben?

Auch wenn du es nicht mehr hören kannst oder hören willst – das Göttliche in dir bringt die Lösung!

Deshalb lege ich dir hier ans Herz: Ziehe dich bei jeder sich dir bietenden Gelegenheit in dein Innerstes zurück. Dein innerer Tempel ist dein Heiligtum. Von dort aus überblickst du das Zeitgeschehen und kannst den Ereignissen den wahren Sinn abgewinnen.

Wie willst du den Überblick bewahren, wenn du rastlos deinem ruhelosen Verstand „nachhechelst"? Solange du dich vom Alltag und den tief schwingenden Nachrichten mitreißen lässt, bist du wie ein Blatt im Wind. Dies gilt es jetzt zu vermeiden, denn der Wind wird bald schon als Sturm über die ganze Erde fegen.

Jene Menschen, die sich im System verlieren oder die im System das System verändern wollen, erhalten jetzt die große Lektion, dass dem äußeren Wandel immer die innere Verwandlung vorausgeht.

Jene Menschen, die sich energetisch, mental, emotional und im täglichen Leben überall, wo es möglich ist, aus dem System nehmen und an einer höheren Eigenschwingung feilen, werden von System nicht mehr erfasst und sie sind frei.

Deshalb unternehmen die Herrscher des kalten Lichts alles, um so viele Menschen wie nur möglich an das

System zu binden. Dies geschieht durch geschickte Manipulation und durch das ununterbrochene Streuen und Schüren von Ängsten.

FREIHEIT MIT IMPFPASS?

Freiheit nur mit Impfpass!?
Fallt auf diese Täuschung nicht herein, denn die Freiheit des menschlichen Geistes endet mit der mRNA-Impfung. Das exakte Gegenteil ist wahr – so versteht bitte: Wahrheit ist Lüge und Lüge ist Wahrheit.

Freiheit durch dein Wohlverhalten!
Auch das ist eine Täuschung! Denn dein Wohlverhalten wird so lange strapaziert, bis die Grenze des Erträglichen erreicht ist – bis du nicht mehr kannst und willst! Dann ist es spät und oft zu spät für eine unmittelbare Heilung!

Der Ausstieg aus dem System ist die einzige und effizienteste Lösung!

Gehe mit dem System keinen Vertrag ein – und die mRNA-Impfung ist ein Vertrag.

Damit erklärst du dich einverstanden, dass das System über deinen Körper und über deine Psyche verfügen darf.

Das kann sich über mehrere irdische Leben auswirken und zu erheblichen Verzögerungen in deinem Aufstiegsprozess führen. Sei dir gewiss: Am Ende gibt es auch dafür eine Lösung! Doch willst du diesen Umweg wirklich machen?

Lass dich auf dieses Spiel nicht ein und lass dich vom Druck, der jetzt aufgebaut wird, nicht täuschen.

Dieses Kartenhaus der Täuschung und Lüge ist dabei, in sich selbst zusammenzukrachen! Denn immer mehr Menschen verlieren den Glauben daran und sie emanzipieren und distanzieren sich von dieser Matrix! Das ist der Schlüssel, der in naher Zukunft die Tür zur immerwährenden Freiheit des Menschen öffnet.

GOTTVERTRAUEN IST DER SCHLÜSSEL

Bleib mutig bei deinem NEIN, auch wenn es unbequem ist und Unbequemlichkeiten bedeutet!

Verlass dich darauf, dass dein Mut und deine Transformationsarbeit reiche Früchte tragen. Ruf Gott um Hilfe, bitte deine spirituelle Familie um Beistand und Unterstützung – wir eilen herbei und lassen Wunder wahr werden.

Vertraue auf Gott, auf SEINE Herrlichkeit und auf DEINE Liebe. Vertraue DIR selbst und dort, wo DEIN Verstand endet, beginne zu denken.
Das ist Freiheit!

Ich liebe dich unendlich

MEISTER EL MORYA

„Ein jeder Mensch geht am Ende den Weg, den seine Seele vor der Geburt bestimmt hat. Verfehlt ein Mensch sein Ziel, dann versucht er es so lange, bis er seine Vorhaben umgesetzt und seine Lektionen gelernt hat."

MEISTER EL MORYA

JEDER MENSCH GEHT SEINEN WEG

MEISTER EL MORYA

GÖTTLICHER SCHUTZ
IMMUNISIERUNG GEGEN ÄNGSTE

9. MAI 2021

GÖTTLICHER SCHUTZ

JJK: Ich möchte bei der gestrigen Botschaft anknüpfen! Viele Menschen glauben also, dass sie die Freiheit zurückerhalten, wenn sie sich impfen lassen. Was mich beschäftigt, ist, dass es darunter so viele Menschen gibt, die das ganze einfach nicht durchschauen, ansonsten aber wunderbare Menschen sind! Manchen Menschen ist die Fähigkeit, eine solche Bösartigkeit zu durchschauen, einfach nicht gegeben. Sie wollen einfach so weit als möglich ein glückliches Leben leben und machen sich über solch abartige Dinge einfach keine Gedanken. Worauf ich hinaus will, ist: Warum werden Menschen, die zeitlebens niemandem etwas zu Leide tun und die vielleicht nur etwas naiv sind, in Mitleidenschaft gezogen? Gibt es für diese Menschen keinen göttlichen Schutz?

MEISTER EL MORYA: Ich bin bei dir, geliebter Mensch, heute und alle Tage! Göttlicher Schutz wird überall dort gegeben, wo Gott in das Leben eingeladen ist. Ein Mensch, der Gott an seiner Seite haben möchte, der hat Gott an seiner Seite. Auf wie viele Menschen, die du hier angeführt hast, trifft das zu? Und das beantwortet deine Frage.

Viele Menschen wollen einfach in Ruhe gelassen werden und ihr Leben leben. Auch von Gott wollen sie in Ruhe gelassen werden.

Weder blicken sie nach links noch nach rechts, ein Rundumblick oder ein Überblick ist in ihrem Tagesbewusstsein gar nicht vorgesehen. Sie kümmern sich um die eigenen Angelegenheiten - den Mikrokosmos - und sind damit voll ausgelastet. Das ist für eine bestimmte Entwicklungsstufe ganz natürlich, auch die Seelenpläne wirken da hinein. Gesagt ist:

Ein jeder Mensch geht am Ende den Weg, den seine Seele vor der Geburt bestimmt hat. Verfehlt ein Mensch sein Ziel, dann versucht er es so lange, bis er seine Vorhaben umgesetzt und seine Lektionen gelernt hat.

JJK: Erst gestern unterhielt ich mich mit einer sehr netten Frau, die an der Liliputbahn in Wien arbeitet. Das ist eine kleine idyllische Eisenbahn, die jedes Jahr von März bis Oktober mit Touristen und Einheimischen, meist Familien mit begeisterten Kindern, durch den Wald dampft. Diese Frau wusste einfach nicht weiter. Sie hat Verwandte und Familie in Deutschland und Tschechien.

„Kann ich dann niemanden mehr sehen?" und „Was soll ich tun?" waren ihre Fragen.

IMMUNISIERUNG GEGEN ÄNGSTE

MEISTER EL MORYA: Jetzt, wo die Menschen von der Impfpropaganda überschwemmt werden, ist es für viele schwer, einen klaren Kopf und die Nerven zu behalten – und hier kommen wieder Gott und deine Anbindung an das Göttliche ins Spiel. Ist diese vorhanden, dann kannst du viel leichter eine richtige Entscheidung treffen – abwarten oder durchhalten – und die lautet in diesem Fall: die Nerven zu behalten und zu sehen, wie sich die Dinge verändern.

Am Ende wird alles gut, doch das Ende muss auch abgewartet werden!

Wer innerlich verbunden ist, der immunisiert sich gegen die Ängste, die jetzt auftreten, und reagiert souverän.

Es muss dir nicht alles gefallen, was du jetzt siehst, doch du musst auch nicht auf alles einsteigen, was dir jetzt von den Verführern angeboten wird.

Menschen, die sich entschieden haben, fern einer göttlichen Wahrnehmung allen Lebens zu leben, haben für eine transzendente Wahrnehmung keine Antennen. Sie sehen immer nur einen Ausschnitt vom Leben und niemals das ganze Bild! Sie fühlen sich sehr schnell in die Enge gedrängt und sie neigen zu übereilten Entscheidungen.

JJK: Nichts zu machen, also?

MEISTER EL MORYA: Liebe für jeden Menschen und Demut vor jeder Entscheidung – weder kennst du die wahren Gründe noch erschließt sich dir der spirituelle Sinn für ein bestimmtes Verhalten.

JJK: Soll die Menschheit wirklich reduziert werden?

MEISTER EL MORYA: Die dunklen Pläne dafür sind eine Tatsache. Jedoch die Menschheit wird am Ende des Wandels auf mehrere Erden aufgeteilt sein. Aufgrund der Schwingung und Seelensignatur werden die Menschen zusammenfinden, die zusammengehören. Es ist das natürliche Resultat des Umbaus und der Transformation der Erde.

Sorge dich keinen einzigen Augenblick, denn es ist für alles gesorgt. Die äußere Welt ist dein Spiegel und das Reich Gottes ist in dir!

Ich liebe dich unendlich!

MEISTER EL MORYA

„Wissen, welches du in
Seminaren erworben hast,
und Erkenntnisse, die dir in der
Meditation zuteilwurden,
sollen jetzt im Alltag
angewandt werden."

SERAPHIS BEY

BEFREIE DEIN HERZ VON TRAUER!

SERAPHIS BEY

DIE WEISS-KRISTALLINE FLAMME
MEDITATION – LASS ES GESCHEHEN!
SPIRITUALITÄT IM ALLTAG

12. MAI 2021

DIE WEISS-KRISTALLINE FLAMME

Unendliches Bewusstsein offenbart sich unter den Menschen: Das bist du! Du, geliebter Mensch, bist ein Teil der großen Offenbarung, die jetzt auf der Spule der Zeit abrollt und die alles an das Licht bringt.

Ich bin SERAPHIS BEY
Lenker der weiß-kristallinen Flamme und Bewahrer der Aufstiegsflamme aus Atlantis

Ich bin bei dir, geliebter Mensch!

Stärken wir jetzt deinen Lebenswillen und deine Lebenskraft. Gehen wir ein Stück tiefer in dein Inneres und blicken wir auf das, was jetzt erlöst werden kann und darf. Es ist die richtige Zeit und es ist der richtige Ort dafür. Bringen wir dein Leben in Bewegung und halten wir es im Fluss.

Heute erleben viele von euch Trauer und Schmerz, Trauer über die aus eurer Sicht ungünstigen Entscheidungen, die Menschen treffen. Viele Menschen gehen den falschen Versprechungen und den Täuschungen der dunklen Magier auf den Leim.

Viele Menschen in eurer unmittelbaren Nähe willigen in die Vorgaben dieses Systems ein und sie schließen sich der unbewussten Menschenmasse an. Ganze Menschen- und Seelengruppen haben den Umweg gewählt und sie nehmen die Corona-mRNA-Impfung an. Wohin das führt, wurde von unserem Bruder ST. GERMAIN ausgeführt (*siehe: DIE CORONA-mRNA-IMPFUNG, Anm. JJK*)[4] und bedarf hier keiner weiteren Aufklärung.

Tatsache ist, dass geliebte Menschen in eurem nächsten Umfeld diesen Umweg wählen und dass Mütter und Väter, Töchter und Söhne mit Trauer im Herzen zurückbleiben.

Warum wird von so vielen Menschen der Kern der Sache nicht verstanden und warum gehen so viele Menschen in die Irre?

Sie suchen diese Erfahrung und sie suchen sie jetzt.

Ihr kennt diese Antwort und dennoch droht euch das Herz zu brechen, wenn ihr an die Folgen denkt und an den Umweg, den diese Menschen auf geistig-seelischer Ebene dadurch wählen. Diese Trauer gilt es zu heilen und ihr Herr zu werden.

MEDITATION – LASS ES GESCHEHEN!

- Bitte gehe in eine Meditation.
- Lege dich hin oder sitze entspannt in deinem Meditationssessel.
- Rufe mich und die weiß-kristalline Flamme der Klarheit und Wahrheit in deine Gegenwart.
- Bitte mich darum, deine Trauer aufzulösen, deine Blockaden zu entfernen und dein Herz zu heilen.
- Lass es geschehen!

Verfahre immer, wenn du diese Trauer spürst, auf diese Weise und du wirst wieder zu dir selbst finden – und zu einer liebevollen Haltung für jeden Menschen.

Anhaltende Trauer belastet die Lunge und beeinträchtigt die Atmung. Trauer blockiert den Energiefluss zwischen den Chakren und schränkt deine Wahrnehmung ein. Trauer aufzulösen, ist daher von immenser Bedeutung. Die Ereignisse dieser Zeit schüren nicht nur Ängste, sondern sie begünstigen die Trauer, da ihr tagtäglich mit neuen aufwühlenden Tatsachen konfrontiert seid. Das ganze Leben stellt sich um und bevor es besser wird – was unabänderlich feststeht – seid ihr mit großen Herausforderungen konfrontiert.

SPIRITUALITÄT IM ALLTAG

Die Menschen werden gespalten und viele Menschen verabschieden sich. Das Schwert geht wahrlich durch Freundschaften und Familien hindurch und so ist es gut, damit auf lichtvolle Weise umgehen zu können. Es geht darum, dass du deine Spiritualität im Alltag lebst.

Wissen, welches du in Seminaren erworben hast, und Erkenntnisse, die dir in der Meditation zuteilwurden, sollen jetzt im Alltag angewandt werden.

So komm zu mir! Ich bin das Licht des Lebens, das die Trauer löst und den Schmerz in der Flamme meiner Liebe verbrennt.

Erkenne die Ursachen von Blockaden und befreie dein Herz von Trauer! Aktiviere deine Lebenskraft und stärke deinen Lebenswillen durch die weiß-kristalline Flamme des Lebens!

Ich bin bei dir und ich bleibe bei dir.

Ich bin

SERAPHIS BEY

„Keine Wesenheit kann sich dem
Willen Gottes entgegenstellen
oder diesen ignorieren!
Es ist der Wille Gottes, dass
diese Erde aufersteht und die
Menschheit neugeboren wird.“

MEISTER ST. GERMAIN

WO BLEIBT GOTT?

MEISTER ST. GERMAIN

INTENSIVE TAGE
WESENSVERÄNDERUNGEN DURCH
CORONA-mRNA-IMPFUNG
DER SPRINGENDE PUNKT BEI MANIPULATIONEN
GOTT HANDELT DURCH DICH!

26. MAI 2021

INTENSIVE TAGE

JJK: Hinter mir liegen sehr intensive Tage mit Menschen, die mit all dem, was mich antreibt, nicht in Resonanz gehen. Besonders traurig macht mich derzeit die Tatsache, dass sich in meinem nächsten Umfeld immer mehr Menschen den Corona-mRNA-Impfstoff verabreichen lassen. Was bewirkt „die Corona-mRNA-Impfung“?[4] Das wollen die meisten gar nicht wissen! Sehr oft sind das auch Menschen, von denen ich es niemals gedacht hätte und die mir wirklich nahestehen. Leser des Lichtweltblogs beispielsweise oder Sport treibende und gesundheitsbewusste Freunde, ja sogar enge Familienmitglieder wollen von den Gefahren, die in diesem Impfstoff lauern, einfach nichts wissen. Aber auch im weiteren Umfeld grassiert der „Corona-Impf-Wahn“. Ein mir besonders nahegehendes Erlebnis hatte ich gestern, das heißt, einen Tag vor meiner Prüfung für den A-Schein, so wird in Österreich der Führerschein für ein schweres Motorrad genannt.

Ich habe mich nämlich im Vorjahr entschlossen, diesen Kurs zu beginnen, damit ich auch mit den wirklich lässigen Motorrädern fahren darf. Somit erfüllte sich heute, nach bestandener Prüfung, für mich ein kleiner Traum.

Aber zur Geschichte: Gestern also finden in einer zusammengefassten Unterrichtseinheit meine letzten 3 Fahrstunden vor der Prüfung statt. Mein Fahrlehrer, der es bisher gut verstand, mir das erforderliche Können zu vermitteln, war wie ausgewechselt. Zuerst fragte er mich: „Bist du schon gegen Corona geimpft?“ Ich verneinte und ließ ihn wissen, dass sich das auch nicht vorhabe und mir „dieses Gift“ niemals spritzen lassen werde. Daraufhin fragte ich ihn, ob denn er schon geimpft sei? „Ja, ich habe die erste Dosis von Pfizer-BioNTech erhalten!“, antwortete er. Während der 3 folgenden Fahrstunden verhielt sich der ein wenig cholerisch veranlagte, ansonsten aber sehr freundliche Fahrlehrer wie mein größter Feind. Nichts konnte ich ihm recht machen und ich schien alles verlernt zu haben. Sogar abschätzige Bemerkungen und Beschimpfungen sparte er nicht aus.

Ich verspürte kurz den Impuls, die Fahrstunde abzubrechen und einen anderen Fahrlehrer zu verlangen. Aber dann entschied ich mich, diese Situation für mich zu nutzen, durch diese einfach durchzugehen und mich von seinen nervösen Zuckungen nicht beeinflussen oder aus der Ruhe bringen zu lassen.

Ich machte für mich eine Übung zur Stärkung meines mentalen Bewusstseins daraus. Erschöpft zu Hause angekommen, begann ich eine lange Meditation und Heilungsarbeit – unter anderem fühlte ich dem Verhalten meines Fahrlehrers auf den Grund.

Schließlich hatte sich sein Zugang zu mir um 180 Grad gewandelt und er kam mir plötzlich vor wie eine von einem anderen oder fremden Wesen bewohnte Hülle. Auch heute bei der Prüfung verhielt er sich eigenartig. Denn nachdem ich sie bestanden hatte, versäumte es mein Fahrlehrer, mir zu gratulieren. Ich fand das irgendwie komisch. Aber auch die Sekretärin sowie ein weiterer Fahrlehrer schienen mir sehr verändert. Als ich mich vor Monaten für diesen Kurs angemeldet hatte, herrschte in dieser Fahrschule noch eine ganz andere Atmosphäre, liebenswürdiger – einfach menschlicher.

Irgendetwas hatte sich da verändert. In der Meditation wurde mir immer wieder der mRNA-Corona-Impfstoff als Ursache eingespielt!

WESENSVERÄNDERUNGEN DURCH CORONA-mRNA-IMPFUNG

MEISTER ST. GERMAIN: Gewisse Wesensveränderungen sind nach dieser Impfung bei bestimmten Menschen sofort sichtbar. Was du beschreibst, ist exakt darauf zurückzuführen.

Die Menschen verlieren ihre seelische Basis und es treten alle „schlechten" Eigenschaften hervor - sie können diese nicht mehr im Zaum halten. Die von dir angesprochene „Übernahme" von Menschen durch andere Entitäten, ist bei Menschen, die diesen Impfstoff verabreicht bekommen, viel leichter. Nach dieser Impfung verändert sich die Schwingung des Menschen, diese wird niedriger und lässt viel mehr Manipulationen zu. Folglich verändern sich der Charakter und das Verhalten des Menschen.

JJK: Es ist oft sehr, sehr schwer für mich, damit umzugehen, vor allem, wenn ich einen Menschen gut kenne oder wenn es jemand aus meinem Familienverbund ist. Der Mensch wird einfach anders und er selbst merkt es gar nicht. Was sollen Eltern sagen, deren Kinder sich impfen lassen? Das ist ja wirklich ein Horror...

MEISTER ST. GERMAIN: Eine Zäsur, die Familien und Freundeskreise betrifft – es ist ein schmerzvoller Prozess, mitanzusehen, in welche Richtung Menschen gehen und wie sie sich entscheiden. Jedoch ist es genau dieser Vorgang, der die lichtvollen Menschen vollendet.

JJK: Aber die meisten Menschen wurden ja bei dieser Impfentscheidung manipuliert – ohne Impfung keine Freiheit, keine Reisen, etc. Das ist ja das Verbrechen und das ist die Unfreiheit.

Die, die zu den Impfstraßen pilgern, haben nicht einmal eine leise Ahnung davon, warum sich wirklich dort stehen und wie sie beeinflusst werden.

Netflix und iPhones fördern nicht unbedingt den kritischen Geist, sondern schläfern die Menschen ein. Dass die Menschen das gar nicht bemerken, liegt in der Natur der Sache, ansonsten wäre es ja keine Manipulation. Ich frage mich: Wo bleibt bei dieser „Übermacht von Manipulatoren" der freie Wille? Oder anders gefragt: Trägt auch der Verantwortung, der gar nicht weiß, dass er ferngesteuert und manipuliert wird?

DER SPRINGENDE PUNKT BEI MANIPULATIONEN

MEISTER ST. GERMAIN: Der unfreie Mensch ist unfrei, weil er das auf Seelenebene so entschieden hat. Es gibt bei allen Menschen, die noch nicht vollendet sind, Bereiche von Manipulation.

Der springende Punkt ist: Will ein Mensch die Manipulationen erkennen oder möchte er aufgrund von vorgeburtlichen Entscheidungen darüber hinwegsehen?

Hier spielen die Aufträge und Lernaufgaben eines Menschen die wesentliche Rolle. Was willst du erleben? Du hast es vor diesem Leben für dich bestimmt und du wirst es als Mensch erleben! Deshalb sind die Menschen durch vernünftige Argumente auch nicht zu erreichen. Manchmal kommen die Dinge durcheinander oder es werden Umwege gemacht. Am Ende geschieht immer Wachstum und die Lektionen werden immer gelernt.

Aus übergeordneter Sicht sucht ein jeder Mensch vor seiner Geburt das Energiefeld und die Umgebung aus, in der er sich erfahren möchte.

Messt den vorgeburtlichen Entscheidungen eine größere Bedeutung bei – und bestimmte Situationen werden zwar nicht sofort verschwinden, aber leichter zu ertragen sein.

Eine übergeordnete Sichtweise kann das, was auf deiner Seele lastet, nicht ungeschehen machen, aber sie kann zu tieferem Verständnis führen, sie kann deine Schmerzen lindern und die Trauer auflösen.

JJK: Aber was, wenn der Mensch von der Seele abgeschnitten wird? Dann kann er ja gar nicht mehr wissen, was er entschieden hat.

MEISTER ST. GERMAIN: Auf der geistig-seelischen Ebene hat jede Wesenheit, bevor sie inkarniert, die Zustimmung für eine spezifische Erfahrung gegeben. Was ein Mensch nicht weiß, das ist dem Geistwesen durchaus vertraut. Ihr alle, ein jeder Mensch, seid schöpferische göttliche Geistwesen. Das mag aus deiner irdischen Betroffenheit heraus nur ein schwacher Trost sein, doch es ist die einzige Wahrheit.

Alles geschieht durch den FREIEN WILLEN eines Wesens.

JJK: Und wo bleibt Gott? Warum greift von den lichten Mächten niemand ein, jetzt, wo über die ganze Menschheit die Schlinge des Impfzwangs gelegt wird. Bald werden die Kinder geimpft sein müssen, um die Schule besuchen zu dürfen. Viel Zeit für den „Umkehrschub“ bleibt ja nicht mehr...

MEISTER ST. GERMAIN: Es geschieht, dass der Wahnsinn bis an die Spitze getrieben wird. Das wird ein großes Aufwachen auslösen und die, die bis zuletzt standhaft blieben, werden die Baumeister der „Neuen Menschheit“ genannt.

Das Eingreifen der lichten Mächte und das direkte Einwirken Gottes finden jeden Tag statt. Ohne diese Interventionen sähe es auf dieser Erde heute ganz anders aus. Auch wenn es schwer ist, dies zu verstehen oder anzunehmen, da sich der Druck oft massiv aufbaut, so könnte es durchaus viel schlimmer sein:

- Fragst du dich manchmal, warum den dunklen Kräften der letzte Schritt – das heißt, die völlige Übernahme der ganzen Menschheit – nicht gelingt?

- Fragst du dich manchmal, wie ist es möglich, dass trotz aller Vertuschungsversuche die verborgenen Schandtaten dennoch ans Licht kommen?

- Fragst du dich manchmal, warum es immer mehr Menschen gibt, die aufstehen und NEIN sagen? Auch wenn sich in deinem Umfeld viele Menschen impfen lassen, so gibt es eine erhebliche Anzahl von Menschen, die das niemals für sich wählen werden.

GOTT HANDELT DURCH DICH!

Diese Menschen sind der Dreh- und Angelpunkt in dieser ganzen Geschichte.

Findet euch in kleinen, überschaubaren Gruppen zusammen, organisiert euch, tauscht euch aus und baut euch eigene autonome Existenzen auf.

Bei diesem ganzen Spiel gibt es immer zwei Seiten – und die Seite des Lichts wird immer kräftiger und immer mächtiger.

Ja, die Meisten werden die Neue Erde nach diesem Sturm nicht betreten, doch bedenke bitte dies:

Nicht auf die Anzahl von Lichtkriegern kommt es an, sondern allein auf deren Qualität.

Der Wandel wird durch die innere Kraft von Menschen erreicht und nicht, indem sich so viele Menschen wie irgendwie möglich beim Triumphbogen versammeln, um sich Gehör zu verschaffen.

JJK: Es ist also nicht hoffnungslos?

MEISTER ST. GERMAIN: Wie euch verheißen, so wird es geschehen! Der Kraft und Macht Gottes kann sich nichts und niemand widersetzen.

Keine Wesenheit kann sich dem Willen Gottes entgegenstellen oder diesen ignorieren! Es ist der Wille Gottes, dass diese Erde aufersteht und die Menschheit neugeboren wird. Das Prinzip ist: Gott handelt durch dich!

Die Zahl derer, die das verstehen, ist Ehrfurcht gebietend, denn fürwahr: Es gibt weitaus mehr, als nur „einen Gerechten“ auf dieser Welt.

Ich liebe euch unendlich
MEISTER ST. GERMAIN

„Der wahre Sucher eilt Gott entgegen – ihm kann es nicht schnell genug gehen. Deine Sehnsucht ist das Maß aller Dinge – deine Sehnsucht ist der Schlüssel für jede Tür."

SANANDA

DU GELANGST ZUR VOLLEN BLÜTE

SANANDA

DER ROSENSTRAUCH
WIRD DAS WAS?
HOHES TEMPO
ZUKUNFT WIRD SICHTBAR!
DER WAHRE SUCHER

2. JUNI 2021

DER ROSENSTRAUCH

JJK: Beim Beobachten unseres Rosenstrauches im Garten kam mir die ganze Menschheit in den Sinn. Geht es uns nicht gerade auch so? Ein Rosenstrauch muss jeden Frühling um zwei Drittel reduziert werden, damit er seine Kräfte sammelt und danach, einem Wunder gleich, wieder austreibt.

Erleben wir das als Menschheit nicht auch gerade? Uns wird alles genommen, wir werden auf das Wesentliche reduziert und viele wissen nicht, ob sie jemals wieder zur Blüte gelangen? „Wird das was?", denke ich mir beim Zurückschneiden der Rosen jedes Jahr und jedes Jahr blüht der Strauch voller und schöner als zuvor. Trifft dieses Sinnbild auch auf die Menschheit zu?

WIRD DAS WAS?

SANANDA: Geliebte Menschen, hebt eure Köpfe und erhebt eure Herzen! Die Zeit der Wahrheit ist gekommen. Alles, was zu viel und überflüssig ist, wird jetzt entfernt. Ballast abzuwerfen, damit die neue Blüte möglich wird, das ist jetzt an der Tagesordnung.

Deshalb verzagt niemals, wenn ihr euch von diesem oder jenen lösen müsst, wenn Freundschaften wegbrechen und wenn sich euer Leben radikal umstellt. Wie der Rosenstrauch in Jahns Beschreibung werdet ihr jetzt auf das Wesentliche ausgerichtet und ganz auf euch selbst zurückgeworfen. Für die zukünftige Zeit braucht es Menschen, die mit sich selbst im Reinen sind und die aus innerer Kraft heraus handeln und wirken.

Dem Transformationsprozess, den die Natur Jahr für Jahr durchmacht, seid jetzt auch ihr ausgesetzt. Heute werden ganze Epochen der Menschheit geheilt und ins Licht gestellt und der einzelne Mensch tritt in die Verantwortung.

Deine vielen Leben, die unterschiedlichen Existenzen als Mensch auf dieser Erde haben Spuren hinterlassen. Nicht immer sind das lichtvolle Energiefelder, auf die du dich berufen kannst, das heißt, auch deine Irrtümer und deine Fehltritte gilt es jetzt zu berichtigen.

Dies geschieht jetzt in einer unglaublichen Geschwindigkeit und Dichte. Denn wenn eine Epoche der Menschheit der Heilung ausgesetzt ist, dann steht der einzelne Mensch im Zentrum dieser Vorgänge:

Es geht um Dich!

HOHES TEMPO

So treten heute sehr viele Dramen und Schmerzen auf einmal auf. Das langsame Abarbeiten deiner Themen ist nicht mehr möglich. Obwohl dir noch genug Zeit zum Integrieren deiner Heilungsschritte bleibt, so ist ein Aufschieben deiner Transformation unmöglich.

Genauso wenig wie sich eine Rose den sanften Strahlen der Frühlingssonne verweigern kann, genauso wenig kann sich der Mensch dem spirituellen Licht, das aus der ZENTRALEN SONNE zur Erde gelangt, verschließen.

Ein jeder Mensch, der seiner Transformation zugestimmt hat, ist jetzt gefordert. Denn noch niemals in der Geschichte der Menschheit waren solche Entwicklungsschritte für die Menschheit und für den einzelnen Menschen möglich.

Das Tempo der Veränderungen steigert sich weiter. Der Wandel geht in die nächste Phase: Die Phase des Sichtbarwerdens eurer lichtvollen Zukunft!

ZUKUNFT WIRD SICHTBAR!

JJK: Ja, ich merke es auch bei mir selbst. Die alltäglichen Spiegelungen sind die Herausforderung. Die offenen Themen präsentieren sich mir so klar wie noch nie zuvor. Sie abzuarbeiten und zu erlösen, gehört schon wie das tägliche Zähneputzen zum Alltag. Was, wenn die Menschen dieses Tempo nicht mehr mitgehen können?

SANANDA: Jeder Mensch, der sich innerlich zutiefst auf das Licht ausrichtet und dem der Wandel eine Herzensangelegenheit ist, freut sich über diese Geschwindigkeit. Diese Menschen haben niemals Probleme mit dem Transformationstempo. Nur wer bestimmte Dinge unter den Tisch kehren möchte, beschwert sich oder badet in Selbstmitleid.

DER WAHRE SUCHER

Der wahre Sucher eilt Gott entgegen – ihm kann es nicht schnell genug gehen. Deine Sehnsucht ist das Maß aller Dinge – deine Sehnsucht ist der Schlüssel für jede Tür.

JJK: Jetzt habe ich den Eindruck, dass bestimmte Veränderungen sehr bald eintreten werden.

SANANDA: Das ist jetzt am Weg. Alle kosmischen Prozesse geschehen in kosmischen Zyklen. Wir befinden uns jetzt mitten im Transformationszyklus dieser Erde, der bis zu einem bestimmten Tag abgeschlossen ist. Alles ist Schwingung und schwingt im Rhythmus der Schöpfung.

Der göttliche Plan ist präzise und eure Seelen sind darauf eingestimmt. Vor dieser eurer Geburt habt ihr Kenntnis über die großen Umstellungen, die jetzt im Gange sind, erhalten – und ihr habt alle begeistert und voller Freude in diese Verkörperung eingewilligt.

Du bist jetzt zur richtigen Zeit am richtigen Ort. Du wusstest von den nahenden Stürmen und du wusstest von der lichtvollen Wirklichkeit nach all diesen Ereignissen.

Einem Rosenstrauch gleich gelangst du in diesem Leben zur vollen Blüte.

So ist es, geliebter Mensch!
SANANDA

„Du wirst kein BUDDHA, wenn du die Dinge von dir fernhältst, sondern erst, wenn du mit den Dingen, die dich berühren, wie ein BUDDHA umgehst."

RA

DAS IST DEINE REISE

RA

FEINEINSTELLUNG VON LIEBE UND MITGEFÜHL
DIE ROLLE VON GOTT

3. JUNI 2021

FEINEINSTELLUNG VON LIEBE UND MITGEFÜHL

„Die Übung des zuerst Erlebens von Gefühlen und dann bewussten Entdeckens ihrer Antithesen innerhalb des Wesens hat nicht den reibungslosen Fluss von sowohl positiven als auch negativen Gefühlen, während man selbst unbeeinflusst bleibt, zum Ziel, sondern stattdessen ist das Ziel, unbeeinflusst zu werden. Dies ist ein einfacheres Ergebnis und erfordert viel, sagen wir, Praxis. (...) Es handelt sich hierbei nicht um Gleichgültigkeit oder Objektivität, sondern um fein eingestellte Liebe und Mitgefühl, die alle Dinge als Liebe sehen. Dieses Sehen ruft keine Reaktionen aufgrund katalytischer Aktionen hervor. Auf diese Weise kann das Wesen nun Mit-Schöpfer von erfahrbaren Geschehnissen werden. Die ist die wahrere Ausgeglichenheit.“ (Das Gesetz des Einen)[5]

JJK: Das heißt, es geht nicht darum, von allen Dingen „unberührt“ zu bleiben oder „neutral“ und „objektiv“ zu sein, sondern sich durchaus berühren zu lassen und dann mit Mitgefühl und Liebe zu antworten. Unbeeinflusst zu bleiben ist etwas anderes als unberührt zu sein – und die viel strapazierte „Objektivität“ ist kein lohnendes Ziel.

RA: Wir sind ein Energiekomplex von Licht und Liebe, der seit Äonen auf dieser und auf höheren Dichten und Ebenen mit den Menschen arbeitet. Wir stellen Energie und Wissen bereit. Wir kommunizieren jetzt durch Jahn.

Deine Schlussfolgerungen sind zutreffend.

Bei allem, was der Mensch tut, und in allem, was den Menschen ausmacht, geht es am Ende um Mitgefühl und Liebe.

Jede einzelne Erfahrung, mag sie noch so prägend oder auch schmerzvoll sein, führt dich dahin, Liebe und Mitgefühl zu allem, was ist, zu entwickeln. Wie ein Schmetterling - ehe er zum Flug anhebt- in der warmen Sonne seine Flügel ausbreitet, so erhebt sich der Mensch durch das Entwickeln von Mitgefühl und Liebe über diese Dichte hinaus.

JJK: Das heißt, es ist ein falsches Ziel, von den Dingen und Ereignissen „unberührt" zu sein oder „objektiv" bleiben zu wollen?

RA: Es gibt kein „falsches Ziel". Was es gibt, ist zu geringes Wissen, um deine wahren Ziele zu erkennen oder um Umwege zu vermeiden.

Was du ansprichst, ist zutreffend.

Du wirst kein BUDDHA, wenn du die Dinge von dir fernhältst, sondern erst, wenn du mit den Dingen, die dich berühren, wie ein BUDDHA umgehst.

Du musst das Leben in dich einlassen und es leben. Du bist ein Mensch, der seiner Vollendung durch das Weiterentwickeln von Liebe und Mitgefühl in jedem Leben näherkommt.

DIE ROLLE VON GOTT

JJK: Welche Rolle spielt dabei GOTT – der GROSSE EINE? Welche Unterstützung wird uns direkt aus der Quelle zuteil – oder sind wir erst dann Mit-Schöpfer, wenn wir gelernt haben, uns ganz auf uns selbst zu verlassen?

RA: ***Dich auf dich SELBST zu verlassen, heißt, dich auf GOTT zu verlassen, denn GOTT und das SELBST sind EINS.***

DER, DIE und DAS GROSSE EINE, aus dem wir alle hervorgehen und dem wir alle dienen, unterstützt dich auf Schritt und Tritt. Wodurch? Indem deinen inneren Impulsen und Wünschen Form verliehen wird.

Beim Gestalten ist Gott immer in deiner Nähe. Was du jedoch kreierst, obliegt deinem freien Willen. Gott unterstützt dich in jeder Erfahrung. Gott ist immer anwesend, Gott ist allgegenwärtig und ist die Bühne für dein Leben. Die Abwesenheit Gottes ist die größte Illusion. Alles ist Gott, ohne Gott kann nichts sein.

Gott tut auf dieser Erfahrungsdichte, auf der du dich getrennt von Gott erlebst, alles durch dich!
Für diese Erkenntnis wirst du, sobald sich deine Lebenszyklen auf Erden vollenden, von Gott geöffnet. Du brauchst dafür nichts weiter zu tun, als unbeeinflusst zu leben.

Das ist deine Reise durch diese Dichte. Das ist deine spirituelle Praxis und der Sinn des Lebens: fein eingestellte Liebe und Mitgefühl zu entwickeln.

Wir verabschieden uns im Lichte und in der Liebe des UNENDLICHEN SCHÖPFERS.

Gehet hin mit Frieden und schenkt allen Lebendigen eure Liebe.

Adonai

Wir sind RA

„Die Gnade Gottes
fließt zu jenen,
die ihr entgegen
schwimmen."

SERAPHIS BEY

WANN WIRD KARMA ERLASSEN?

SERAPHIS BEY

30. JUNI 2021

JJK: Wann wird einem Menschen sein Karma erlassen?

SERAPHIS BEY: Wenn er sich dessen als würdig erweist.

JJK: Wann ist ein Mensch dessen würdig?

SERAPHIS BEY: Wenn er in einem Leben wahrhaftig seinem Seelenplan folgt und ein wahrer Diener Gottes geworden ist. Wenn sein Leben untadelig vor Gott ist, dreht sich das Schicksal und alles Karma wird in einem Augenblick erlöst.

Die Gnade Gottes fließt zu jenen, die ihr entgegen schwimmen.

JJK: Das erklärt wohl auch, warum oft Diebe und Mörder, die in einem einzigen Augenblick ihr Leben um 180 Grad ändern, plötzliche Erleuchtung erlangen können.

SERAPHIS BEY: So ist es, sodass für jeden Menschen immer alles möglich ist, sobald er sich auf den richtigen Pfad begibt und sich ganz der Wahrhaftigkeit verschreibt. Erkenntnis ist der Beginn der Heilung und Erleuchtung ist die Vollendung am Ende des Weges.

So leite ich dich an, dich der weiß-goldenen Flamme der Reinheit und Erkenntnis vollkommen hinzugeben.

In meinem Lichte reift deine Seele und in der Liebe zu Gott wird sie veredelt.

Ich liebe dich unendlich

SERAPHIS BEY

„Am Ende findet
jeder Aspekt Gottes
zu Gott zurück.
So ist es."

ERZENGEL ARIEL

KANN EINE SEELE GANZ VERLOREN GEHEN?

ERZENGEL ARIEL

GIBT ES EINE HÖLLE?
UMSTRUKTURIERUNG DER SEELE

3. JULI 2021

GIBT ES EINE HÖLLE?

Ich umfange dich in meinem Licht! Ich komme aus der Liebe Gottes – der du dieser Liebe einst entsprungen bist – zu dir. Ich bin ERZENGEL ARIEL

Du hast Fragen, Jahn?

JJK: Gibt es eine Hölle?

ERZENGEL ARIEL: Den Ort, an dem sich Seelen außerhalb des Lichtes Gottes erfahren können, den gibt es. An diesem Platz sind die Wesenheiten völlig abgetrennt von der Liebe und vom Licht des Schöpfers. Diese Wesenheiten machen eine sehr intensive Erfahrung.

JJK: Ich denke jetzt an die, die auf der Erde so viel Unrecht und Grausamkeiten verursachen. Ich erspare mir die Namen, doch wer sich bei Corona besonders hervortut oder für diese ganze Destruktivität auf dieser Erde sorgt, der ist gemeint.

ERZENGEL ARIEL: Diese Menschen sind von ihren Seelen abgeschnitten und sie leben ohne diesen inneren Kompass.

Diese Menschen haben einen destruktiven, parasitären und nicht den schöpferischen Weg gewählt. Das entbindet sie nicht von der Verantwortung, aber erklärt deren Handlungsweisen.

JJK: Beten diese Menschen nicht einfach das satanische Prinzip an? Glauben diese Menschen nicht auch, dass sie das Richtige tun, oder wissen sie, dass sie böse und destruktiv sind und im eklatanten Widerspruch zur Schöpfung handeln?

ERZENGEL ARIEL: Die, von denen du sprichst, wissen, was sie tun – und sie tun es mit voller Absicht. Deshalb ist es für sie, nachdem sie diese Welt verlassen, so schwierig, in das Licht zurückzufinden. Viele dieser Wesenheiten verbleiben tausende von irdischen Jahren in dieser Zwischenwelt, in der es weder Licht noch Liebe gibt.

JJK: Was führt diese Wesenheiten zurück auf den Pfad der Liebe?

ERZENGEL ARIEL: Gelegenheiten der Besinnung werden jedem Wesen gegeben. Oft ist es ein kleines Licht, das irgendwo leuchtet, dann sind es schwierige Lebenslektionen auf Erden, die eine Umkehr einläuten.

Menschen, die sich durch schädliches und schändliches Verhalten große karmische Lasten aufladen, finden erst dann aus dem Kreis der Destruktivität und Dunkelheit heraus, wenn sie eine der Gelegenheiten zur Umkehr ergreifen.

JJK: Vom Saulus zum Paulus also?

ERZENGEL ARIEL: So geschieht es, dass am Ende eine jede Seele, die sich nicht ganz aufgibt, zu sich selbst und zu Gott zurückfindet.

JJK: Kann eine Seele also ganz verloren gehen?

ERZENGEL ARIEL: Nichts geht verloren in der Schöpfung Gottes. Eine Seele kann sich aber auflösen, um neu zusammengefügt zu werden.

UMSTRUKTURIERUNG DER SEELE

Wenn es kein Weiterkommen mehr gibt und wenn sich eine Seele ganz in der Finsternis verloren hat, wird sie neu strukturiert und sie beginnt einen neuen Zyklus auf Erden oder auf einem der Erde ähnlichen Planeten.

Die Verantwortung und das Karma werden auf andere Weise wahrgenommen.

Eine Wesenheit, die seit Äonen im Dienste des destruktiven Prinzips steht, braucht Äonen, um auf den schöpferischen Pfad zurückzufinden. Dem plötzlichen Erwachen geht immer eine lange Zeit der Bewusstwerdung voraus. Ist diese Umkehr aussichtslos, dann greift Gott ein. Die Seele wird degradiert, wird umstrukturiert und beginnt einen neuen Zyklus.

Am Ende findet jeder Aspekt Gottes zu Gott zurück. So ist es.

Ich segne dein reines Herz. Die Liebe Gottes und SEIN Licht sind deine treuen Begleiter in dieser mit Angst durchtränkten Zeit.

Alles verwandelt sich, weil du dich wandelst, und ein jeder Mensch erhält schon bald die Gelegenheit, es dir gleichzutun. Denn der Tag, an dem die Sonne im Westen aufgeht, ist nahe. Die Gnade Gottes wird ausgebracht über die Menschheit. So ist es.

In der Liebe, die ich bin, mit dem Segen, den ich spende, und aus dem Licht, aus dem wir alle kommen!

ERZENGEL ARIEL

JJK: Was ist der wichtigste Beitrag, den ein jeder Einzelne jetzt leisten kann?

BABAJI: Sein Leben zu leben, dein Leben zu leben, das tun, wofür du gekommen bist.

ERWACHT!
ERHEBT EUCH!

BABAJI

DIE GROSSE REVOLUTION
GIBT ES EINE RETTUNG FÜR CORONA-GEIMPFTE?

18. JULI 2021

DIE GROSSE REVOLUTION

„Die große Revolution ist nicht nur auf Indien begrenzt, die ganze Welt wird einbezogen sein. Ich appelliere an die ganze Welt, diese Warnung ernst zu nehmen. Deshalb, wo immer ihr lebt, verbreitet diese Botschaft. Was auch euer Beruf ist, was eure Aufgabe im Leben ist, beteiligt euch an dieser Revolution. Es wird dies die größte Umwälzung in der Weltgeschichte sein. Seid deshalb alle wachsam und lehrt andere, es zu sein.

Erwacht! Erhebt euch! Jeder muss einen festen Entschluss fassen. Männer und Frauen überall auf der Welt müssen teilnehmen. In anderen Epochen waren es nur die Männer, die in Revolutionen und Kriegen mitkämpften. Heute ist es genauso an den Frauen, sich für diese Revolution einzusetzen. Alle von euch müssen sich mit den Menschen überall auf der Welt verbinden und vereinen." (BABAJI, am 22. März 1983)[6]

JJK: Als ich gestern vor dem Schlafengehen diese Seite aufschlug, war mir sofort bewusst, dass wir genau in diesen Zeiten leben – die größte aller Revolutionen ist JETZT im Gange. Was mich nachdenklich stimmt, ist, dass der Großteil der Menschen sich eben nicht erhebt und nicht aufwacht!

Auch die Einheit aller Menschen scheint mir weiter entfernt als je zuvor!

BABAJI: Die Einheit der Menschen ist näher als du denkst und als ihr alle, die ihr das Licht des Schöpfers verkörpert und in die Welt tragt, vermutet. Seid weiterhin bereit, alles zu geben, auch wenn es euer Leben ist – und ihr werdet aus den Händen des Schöpfers alles erhalten.

JJK: Mich beschäftigt die Covid-19-Impfung. Immer mehr Menschen erleiden bleibende Schäden. Obwohl das meiste unter den Teppich gekehrt wird, dringen immer mehr Berichte an die Öffentlichkeit – und es sieht gar nicht gut aus. Muss sich der Wandel unter solchen Schmerzen für einzelne Menschen ereignen? Das schafft ja nur neue Traumata und neue Verstrickungen. Geht es nicht milder oder anders als mit Schmerz?

BABAJI: Es geht immer anders, jedoch, das muss der einzelne Mensch für sich so entscheiden und wählen. Der Großteil der Menschheit benötigt für das Erwachen individuelle wie kollektive Schlüsselereignisse. Diese Revolution schließt alles und alle mit ein – niemand bleibt ausgenommen, auch wenn sich manche noch so bemühen, ihr altes und gewohntes Leben fortzuführen. Diese Zeit ist um.

Das Erwachen geschieht für jeden Menschen auf die vorgesehene Weise. Viele Menschen werden im Angesicht ihres Todes – aufgrund einer tödlichen, medizinischen Verabreichung – aufwachen. Sie wählten das Drama und die damit verbundenen traumatischen Ereignisse. Diese Menschen geben ihr Leben nicht freiwillig, doch sie geben es, um für sich selbst notwendige Erkenntnisse abzuleiten.

Die Menschen jedoch, die sich ganz unter den Schutz Gottes stellen und die bereit sind, ihr Leben für diese Revolution der Wahrheit hinzugeben, werden ihr Leben – ob auf dieser oder auf einer anderen Welt – gewinnen. Sie werden eingehen in das ewige Licht und in die Unendlichkeit Gottes.

JJK: ***Was ist der wichtigste Beitrag, den ein jeder Einzelne jetzt leisten kann?***

BABAJI: ***Sein Leben zu leben, dein Leben zu leben, das tun, wofür du gekommen bist. Darum und nur darum geht es in diesen Tagen, denn wir befinden uns mitten in der euch angekündigten Zeit.***

GIBT ES EINE RETTUNG FÜR CORONA-GEIMPFTE?

JJK: Gibt es eine Rettung für Corona-mRNA-Geimpfte? Ich merke, dass ich immer genauer erkennen kann, wer geimpft ist und wer nicht. Mir scheint es, als kämen den Geimpften ihr Mitgefühl und ihre Herzlichkeit abhanden.

BABAJI: Mit jeder Dosis dieses Giftstoffes entfernt sich die Seele weiter vom Menschen. Der Verlust von menschlichem Mitgefühl und von Liebe ist die Folge. Die Rettung besteht immer in der Erkenntnis, dass hier etwas nicht stimmt, und im Willen, den Dingen auf den Grund zu gehen.

JJK: Aber je weiter ein Mensch von seiner Seele entfernt ist, desto schwieriger ist es ja, dies zu erkennen?

BABAJI: So ist es und so geschieht es, dass viele Menschen den Pfad der Erkenntnis über die erneute Inkarnation beschreiten werden.

Die Anzahl von Lichtkriegern, deren Herz der einzige Kompass bleibt und die von den Verführungen

dieser Zeit unbeeindruckt bleiben, ist am Ende ausreichend, damit sich diese Erde erheben und alle negativen und satanischen Einflüsse abschütteln kann.

Auf die beherzten Lichtkrieger, auf die beseelten Revolutionäre, auf die mit Gott bewaffneten Menschen kommt es an – und nicht auf die Vielzahl von desorientieren und irregeführten Menschen.

Sobald sich diese selbstbewussten Menschen verbinden und vereinen, verlieren die alten Systeme ihre ganze Macht.

Versucht nicht, die ganze Menschheit zu vereinen, sondern vereint euch mit jenen Menschen, die ihren Seelenkern wie das Allerheiligste in ihrem Leben hüten und bewahren wollen.

Merket wohl: Ihr seid behütet und beschützt. Stellt euer Leben ganz unter die Führung Gottes und die Freude wird allgegenwärtig sein.

Und erwarte das Natürlichste: Wunder.

BABAJI

Die folgenden 3 Gespräche wurden mir durch Träume und Begebenheiten während meiner Sommerferien auf Paros, der wunderschönen Insel in der Ägäis, angekündigt.

Der „Paros-Zyklus“ mit den Botschaften „Chinesische Soldaten in Europa“, „Die Apothekerin von Dryos“ und „Im Raumschiff auf einer anderen Welt“ mit BABAJI, MEISTER ST. GERMAIN und ERZENGEL ARIEL wurden am 8. 8. 2021 begonnen und vollendet.

„Für die Menschen, die guten Willens und reinen Herzens sind, sind Wunder die wahre neue Normalität auf dieser Erde."

BABAJI

CHINESISCHE SOLDATEN IN EUROPA?

BABAJI

EINE PROPHEZEIUNG?

8. AUGUST 2021

EINE PROPHEZEIUNG?

26.7.2021 TRAUM: *Ich sehe, wie die EU China um militärische Hilfe bittet. Ich sehe chinesische Soldaten in Europa! Beunruhigt, und mit dem Eindruck eine Prophezeiung erhalten zu haben, wache ich auf!*

8.8.2021
Botschaft zu diesem Traum

BABAJI: Im Chaos dieser Zeitlinie gibt es alles Denkmögliche und Denkunmögliche. Was du gesehen hast, ist eine Möglichkeit.

JJK: Aber wie wahrscheinlich ist das?

BABAJI: Für alle Menschen, die in Kürze auf die höher schwingende Zeitebene wechseln und erhoben werden, ist dieses Szenario außerhalb des Möglichen. Für alle, die in dieser Wirklichkeit verbleiben wollen, da sie weder IMSTANDE noch WILLENS sind, sich für eine der feinschwingenden Erden zu öffnen, ist dieses Szenario real.

JJK: Warum träume ich davon oder ist das eine Prophezeiung?

BABAJI: Dir wurde prophezeit um der Menschen willen – damit jene Menschen, die an der Kippe stehen, wachgerüttelt werden.

JJK: Werden diese Menschen, die es betrifft, diese Botschaft überhaupt zu hören bekommen?

BABAJI: Menschen, die aus Gewohnheit das Alte nicht aufgeben können, sich insgeheim jedoch nach einer besseren und lichteren Welt sehnen, die sind gemeint. Diesen Menschen werden unterschiedliche Zukunftsperspektiven gezeigt, sodass sie wählen können:

„Will ich das wirklich? Will ich wirklich, dass chinesische Soldaten auf unseren Straßen das Sagen haben?"

Diese Botschaft lesen die, die sie für ihre Umkehr und für die Entscheidungsfindung benötigen.

Du ahnst nicht, wie viele Menschen, von denen du es niemals glauben würdest, diesem Gespräch jetzt aufmerksam folgen.

Das Göttliche wird dem Menschen eingeflößt, bis sich der Mensch aus eigener Kraft befreien kann.

Bleibt furchtlos und seid ohne Angst! Wenn die Not am größten ist, wird euch die größte Hilfe zuteil.

Für die Menschen, die guten Willens und reinen Herzens sind, sind Wunder die wahre neue Normalität auf dieser Erde.

Ich liebe euch unendlich

BABAJI

„Du bist nicht von dieser Welt
und du warst niemals
von dieser Welt."

MEISTER ST. GERMAIN

DIE APOTHEKERIN VON DRYOS

MEISTER ST. GERMAIN

AUFKLÄRUNG ÜBER DIE CORONA-IMPFUNG

8. AUGUST 2021

AUFKLÄRUNG ÜBER DIE CORONA-IMPFUNG

31. 7. 2021 BERICHT: Ich befinde mich mit meiner Familie auf Paros. Diese wunderschöne Insel in der Ägäis dient uns als Urlaubsort und zum Kraft tanken. Bei meinem Besuch in der kleinen aber feinen Apotheke in Dryos lausche ich folgenden Ausführungen der Apothekerin einer Urlauberin gegenüber:

„Es ist meine Pflicht, die Menschen über die Nebenwirkungen der Corona-Impfung aufzuklären und ich werde vom Medizinzentrum angerufen und kritisiert, weil ich den Menschen das erzähle."

„Auch solche Menschen gibt es in diesen Berufen und das macht Mut!", dachte ich mir.

MEISTER ST. GERMAIN: Solche Menschen gibt es überall und es werden immer mehr! Nur weil diese Meinungen und Haltungen nicht in den Medien vorkommen, heißt es noch lange nicht, dass sie nicht existieren.

JJK: Wie lange kann das System die Corona-Masche noch aufrechterhalten?

MEISTER ST. GERMAIN: So lange, bis so viele Menschen aufgewacht sind, wie für einen Umschwung nötig sind.

JJK: Die verantwortlichen Eliten sprechen ja davon, dass es noch drei Jahre so weitergehen wird, bis der „Great Reset“ unumkehrbar ist…

MEISTER ST. GERMAIN: Drei Jahre oder länger auf der Erde, die die lineare Entwicklung beschreitet, und mit Menschen, die sich ganz auf die Künstliche Intelligenz einlassen.

Für alle Menschen, die auf die höhere Ebene wechseln und die lichtvolle Neue Erde in Empfang nehmen, verhalten sich Zeit- und Raumphänomene ganz anders.

JJK: Insgesamt habe ich jetzt im Vorherbst 2021 den Eindruck, dass der Stress bei den dunklen Eliten zunimmt. Denn die Ideen werden immer absurder und immer brutaler werden sie durchgepeitscht. Deren Unmenschlichkeit und Wahnsinn wird immer augenscheinlicher. Kommt das nur mir so vor?

MEISTER ST. GERMAIN: Dein Eindruck ist zutreffend und immer mehr Menschen sehen, dass hier etwas nicht stimmt.

JJK: Aber es sind ja schon so viele Corona-mRNA geimpft. Was, wenn jemand – nachdem er dieses Gift bereits im Körper hat – draufkommt, dass es ein Fehler war. Gibt es Hilfe zur Heilung?

MEISTER ST. GERMAIN: ***Unheilbar gibt es im göttlichen Licht nicht! Bedingung ist, dass der einzelne Mensch bereit ist, sich diesem Licht vollkommen auszusetzen und hinzugeben. Wer sehen will, sieht, wer hören will, hört, und wer umkehren will, kehrt um. Deine tiefe Sehnsucht nach der Wahrheit ist der Schlüssel.***

Bedenke bitte dies: Der Mensch lebt nicht vom Brot allein! Der Mensch ist ein spirituelles Wesen, das heißt, selbst dann, wenn der Körper durch diese Substanzen erheblich geschädigt ist und nicht mehr verwendet werden kann, ist die Heilung möglich. Die Wiederanbindung an die Seele kann auch in den feinstofflicheren Reichen geschehen – die Frage allein ist: Was will der Mensch wirklich und welche Abenteuer wollen auf welcher Welt erfahren werden?

Alleine darum geht es!

So sorgt euch nicht! Wir sind am Sprung in die neue Wirklichkeit – mit göttlichen Menschen, die zu Gott zurückgefunden haben.

Du bist nicht von dieser Welt und du warst niemals von dieser Welt.

Ich liebe dich unendlich

MEISTER ST. GERMAIN

„Sei immer du selbst,
dann ergibt sich auch alles von
selbst – und du selbst zu sein,
heißt, Grenzen zu erkennen
und Grenzen zu setzen."

ERZENGEL ARIEL

IM RAUMSCHIFF AUF EINER ANDEREN WELT

ERZENGEL ARIEL

DIE MEHRFACH CORONA-MRNA-GEIMPFTEN
GROSSE GÖTTLICHE INTERVENTION
DIE NÄCHSTENLIEBE
DAS SCHWERT

8. AUGUST 2021

DIE MEHRFACH CORONA-mRNA-GEIMPFTEN

2. 8. 2021 TRAUM: *Es ist ein Albtraum und wie in den schrecklichsten Filmen – ich befinde mich unter Zombies. Ich sehe menschenähnliche Gestalten, die unter strenger Kontrolle in unvorstellbarer Verwahrlosung leben und von ihren Wärtern nach Belieben drangsaliert werden.*

Dann nehme ich mich auf einer anderen Ebene wahr – es ist eine Art Raumschiff und dort befinde ich mich jetzt mit meiner Familie und mit Freunden. Alles ist sauber, das Wasser ist kristallklar und viele Menschen sind weiß gekleidet. Ich nehme eine vollkommene Harmonie und ein schönes Zusammenleben von Menschen wahr. Es ist der totale Kontrast zum ersten Traumbild und ich sehe, dass wir von der „Zombiewelt" völlig abgeschnitten sind und unerreicht bleiben.

Daraufhin bemerke ich, dass unsere Welt unterwandert werden soll – und zwar durch ein Kind. Dieser Zombie in der Gestalt eines Kindes wird bei uns eingeschleust, damit er uns infiziert und wir unser Leben in dieser Atmosphäre verlieren.

Jetzt nehme ich wahr, dass nur wenige Menschengruppen oder Kulturen von der Corona-mRNA-Impfung verschont bleiben. Sofort nehme ich die Verfolgung des Kindes auf, um es aus unserer Welt zu entfernen.

Als ich aufwache, habe ich sofort das innere Bild: Die Zombies repräsentieren die mehrfach Corona-mRNA-Geimpften.

Ganz benommen beginne ich den Tag und ich brauche Stunden, um aus diesem Traum herauszufinden.
(TRAUM ENDE)

ERZENGEL ARIEL: Im Schutze meines Lichtes und im Ozean meiner Liebe bist du geborgen, der du diesen Worten lauschst.

Dieser bedeutende Traum weist auf das hin, worum es jetzt geht: Halte das eigene Umfeld rein und die eigene Schwingung hoch! Erkenne Wesenheiten, die dir schaden wollen, und handle entschlossen, so du dies wahrnimmst.

JJK: Hat das Raumschiff mehr als eine symbolische Bedeutung?

ERZENGEL ARIEL: Das Raumschiff repräsentiert deinen Schwingungsraum, die höhere Bewusstseinsebene. Befreit von der irdischen Schwere schwebst du über den Dingen. Das Raumschiff kann sich aber auch konkret manifestieren, so die Umstände dies erfordern. Es ist für jeden Menschen gesorgt und es gibt für alles eine Lösung.

JJK: Die Zombies – waren das in der Tat die mehrfach Geimpften? Bei manchen doppelt Geimpften habe ich schon heute den Eindruck, dass sie immer unbeseelter werden und immer mehr abstumpfen. Es ist ein langsamer Prozess, doch am Ende steht der Zombie – oder?

ERZENGEL ARIEL: Obwohl es für alle und für jeden Heilung gibt, sind Zeit und Ort dafür verschieden, das bedeutet, sehr viele Menschen nehmen jetzt einen Umweg und werden zu späterer Zeit den Befreiungsschlag wagen. Viele Menschen jedoch werden, noch ehe sie dieses Experiment vollkommen „übernimmt", von dieser Erde genommen.

GROSSE GÖTTLICHE INTERVENTION

JJK: Ein großes Sterben steht also bevor?

ERZENGEL ARIEL: Eine große göttliche Intervention steht bevor! Denn der Punkt, an dem dieser destruktive Prozess unumkehrbar wird, soll für die Menschen, die einem lichten Seelenplan folgen, niemals erreicht werden.

Viele dieser Menschen sind den geschickten Täuschungen der „Unmenschen" nicht gewachsen und für diese Menschen gibt es eine Lösung, das heißt, damit unumkehrbare Prozesse ausbleiben, werden diese Menschen vor ihrer Zeit von dieser Welt abberufen.

JJK: Mir kommt jetzt die Bibelstelle in den Sinn, als Lot Sodom, die Stadt der Sünde, verließ und von Gott angehalten wurde, sich nicht umzublicken: *„Und sein Weib sah hinter sich und ward zur Salzsäule."* (1. Buch Mose)[7]. Bei alledem, was den Menschen jetzt geschieht, was sich auch in unserem Familien- und Freundeskreis abspielt, klar zu bleiben, sich nicht unterwandern zu lassen und sich nicht einmal umzublicken, selbst dann nicht, wenn es unsere eigenen Kinder und Familienmitglieder betrifft, stelle ich mir sehr schwierig vor. Wo bleibt da die Nächstenliebe?

NÄCHSTENLIEBE!?

ERZENGEL ARIEL: Worum es geht, ist, dass du erkennst, womit du es zu tun hast. Erst dann kannst du agieren oder reagieren.

Ist bei einem Menschen der Punkt, der unumkehrbar ist, erreicht, dann gilt es sich nicht mehr umzublicken.

Zur Salzsäule zu erstarren, heißt, in den Sog des Dramas gezogen und vom Leid und Elend verschlungen zu werden. Daher ist die wirkungsvolle Abgrenzung das wesentlichste Erfordernis in dieser Zeit.

Die Perlen der Nächstenliebe müssen auf fruchtbaren Boden fallen – und das ist dort der Fall, wo ein Mensch für feinere und höhere Schwingungen empfänglich ist.

Das gilt es herauszufinden und dementsprechend gilt es aufzutreten.

Die Richtschnur dieser Zeit: Richte dein Handeln nach dem aus, was ist! Mit wem und womit hast du es zu tun?

JJK: Warum werden wir im Traum von einem Kind unterwandert?

ERZENGEL ARIEL: Da Kinder am wenigsten verdächtigt werden. Diese Traumszene richtet eure Aufmerksamkeit darauf, dass ihr den Menschen nicht nach seinem äußeren Abbild, sondern allein nach seinem inneren Resonanzfeld beurteilen sollt. Blickt durch die Augen tief in die Seele eines Menschen hinein. Nehmt wahr, was wirklich ist – das Sein und nicht den Schein. Dann könnt ihr durch nichts und von niemandem getäuscht werden.

JJK: Soll man dann zum Beispiel auch zu den eigenen Kindern oder Partnern den Kontakt abbrechen, wenn man sieht, dass sie komplett in die andere Richtung schreiten?

DAS SCHWERT

ERZENGEL ARIEL: ***Innerlich klar zu bleiben, bedeutet, bei jeder Begegnung hellwach zu sein.***

Du musst zu niemandem voreilig den Kontakt abbrechen! Sei immer du selbst, dann ergibt sich auch alles von selbst – und du selbst zu sein, heißt, Grenzen zu erkennen und Grenzen zu setzen. Manchmal bedarf es des Schwertes, um für Klarheit und Ordnung zu sorgen.

JJK: Des Lichtschwertes oder eines irdischen Schwertes?

ERZENGEL ARIEL: Sowohl als auch! Denn das Leben muss auf allen Ebenen behütet und beschützt werden.

Es ist eine Sünde, sein Leben leichtfertig hinzugeben.

JJK: Am liebsten würde ich dieses Gespräch jetzt so stehen lassen, denn so können sich die Menschen den letzten Satz gut einprägen...

ERZENGEL ARIEL: Berichtigt eure falschen Vorstellungen von der Selbstliebe und von der Nächstenliebe. Liebe ist nur dort möglich, wo ein Mensch den Wert des Lebens vollkommen erkannt hat.

Ich liebe dich unendlich.
ERZENGEL ARIEL

„Wer heute die Erleuchtung aus tiefster Seele will, der erlangt sie in diesem Leben!"

SAI BABA

WUNDER SIND DAS NATÜRLICHSTE

SAI BABA

DAS NATÜRLICHSTE
EIN LEUCHTTURM SEIN …

25. AUGUST 2021

DAS NATÜRLICHSTE

SAI BABA: *„Das Wunder ist das natürlichste Verhalten des Übernatürlichen."* (Jesus und Sai Baba)[8]

JJK: Wunder-schön.

SAI BABA: ... und dieser Herrlichkeit werden jetzt immer mehr Menschen gewahr! Das Übernatürliche betritt deine Ebene, sobald du deine Schwingung angehoben hast. Durch deine Reinigungs- und Transformationsarbeit sind Wunder garantiert!

Dieses Geschenk ist das Resultat deiner Anstrengungen, denn ab einem bestimmten Punkt wird die Gnade Gottes wirksam. Zunächst kannst du nur einen Schimmer dieser Herrlichkeit wahrnehmen, allmählich aber wird dir bewusst, dass dich das Übernatürliche stets umgibt und dass dich Wunder auf Schritt und Tritt begleiten.

Je höher du schwingst und umso reiner deine Hingabe ist, desto mächtiger ist das Wirken Gottes in deinem Leben.

JJK: Vor allem jetzt, da die Menschen immer mehr eingesperrt und ihrer Freiheiten beraubt werden, kommen Wunder ja gerade recht...

BABAJI: Beachte bitte, dass viele Menschen – sehr viele Menschen – ohne Wunder und ohne Gott auskommen wollen! Das ist genauso eine Tatsache, wie es eine Tatsache ist, dass du, der du diesen Zeilen folgst, aufwachen und aufsteigen möchtest.

Es geht allein um dich, um deine Fähigkeit, ein Leuchtturm für deine Umgebung zu werden und es zu bleiben. Die Natürlichkeit von Wundern offenbart sich dem, für den diese 3D-Ebene eine Täuschung darstellt, und dem vertraut ist, dass alles, was ist, aus dem Geiste geboren wird.

Wer sich selbst als göttliches Bewusstsein und nicht als menschlicher Körper wahrnimmt, dem begegnet die Schöpfung anders als jemandem, der von sich behauptet, man lebe nur einmal.

Diese Unterscheidung ist wichtig, damit du verstehen kannst, warum für die EINEN Wunder das Natürlichste sind, während Wunder bei ANDEREN Menschen gar nicht erst vorkommen.

JJK: Ein Leuchtturm zu sein – was heißt das wirklich?

EIN LEUCHTTURM SEIN …

SAI BABA: Wissen, Weisheit, Licht und Liebe auszusenden und sie jenen zu geben, die dich aufsuchen und die von dir Antworten erwarten. Wer ein Leuchtturm ist, missioniert nicht – noch ruft er laut: „Seht her, hier bin ich!“ Leuchttürme werden von den Menschen intuitiv gesucht und als solche erkannt. Du brauchst nichts weiter zu tun, als ein Leuchtturm zu sein, dann ergibt sich alles von alleine.

JJK: Die Zeit, in der man Menschen durch aktives Handeln bekehren oder zur Umkehr animieren konnte, ist vorbei – oder?

SAI BABA: Jemanden zur Umkehr zu bewegen, ist immer möglich, die Frage ist, wie? Der beste Weg führt über dein So-Sein.

Nicht was du sprichst, ist entscheidend, sondern was du bist, gibt den Ausschlag. Jedes Kind orientiert sich nach den Handlungen und dem Verhalten der Eltern – und nicht nach ihren Worten.

Lebe dein authentisches Leben! Sei ein Licht und verbreite die Liebe – mehr brauchst du nicht zu tun! Worte haben erst dann Gewicht, wenn sie durch dein Leben untermauert und durch deine Ausstrahlung – dein Licht – glaubwürdig sind. Dann kannst du Menschen auch zur Umkehr bewegen.

Bist du schon ein Leuchtturm oder arbeitest du noch daran? Das ist die Frage, mit der du dich ehrlich auseinandersetzen sollst.

Es ist wichtig, dass du weißt, wo du stehst und warum du womöglich bei den Menschen noch nicht die Resultate, die du dir wünschst, erzielst.

Was du bist, ist entscheidend!

Kein Rhetorikseminar macht aus dir einen Leuchtturm, allein die Arbeit an deinen insgeheimen Themen ebnet dir eines Tages diesen Weg.

Deshalb bereite dich für die Wunder im Alltag vor und bereite dich darauf vor, ein Leuchtturm zu werden. Übereile nichts, verzögere nichts! Nimm die Ereignisse eines jeden Tages zum Anlass, dich zu verbessern und deine spirituelle Wahrnehmung zu schärfen.

Heute, und das ist die größte Gnade diese Zeit, finden die Transformationsprozesse in einer unglaublichen Kraft und Geschwindigkeit statt.

Wer heute die Erleuchtung aus tiefster Seele will, der erlangt sie in diesem Leben!

Mit meiner Liebe segne ich dich, denn ich bin wieder mitten unter euch!

SAI BABA

„Liebe dich selbst und
liebe alles an dir!
Liebe dich selbst,
so wie wir dich lieben."

ERZENGEL ARIEL

FITNESS FÜR GEIST UND KÖRPER

ERZENGEL ARIEL

MÜDIGKEIT UND ERSCHÖPFUNG
TUE, WAS DIR GUTTUT!

2. SEPTEMBER 2021

MÜDIGKEIT UND ERSCHÖPFUNG

JJK: Manchmal bin ich ohne ersichtlichen Grund total müde und erschöpft. Geht es nur mir so oder ist das ein verbreitetes Phänomen?

ERZENGEL ARIEL: Während sich täglich die Schwingung des Planeten erhöht und eure Eigenschwingung steigt, seid ihr immer noch den trägen Frequenzen von 3D ausgesetzt. Euer Körper reagiert darauf. Viele Menschen fühlen sich geistig völlig rege, frisch und klar, sind aber körperlich oft sehr beansprucht, das heißt, der Körper hinkt in gewisser Weisen dem Spirit hinterher.

JJK: Was schafft Abhilfe?

ERZENGEL ARIEL: Sich ganz bewusst aus dem Getriebe der Zeit herauszunehmen, heißt, Meditation, Stille, Natur – und auf sich selbst zu achten! Liebt euch selbst und liebt auch euren Körper! Gönnt euch Auszeiten, Pausen und kultiviert das Innehalten!

Bewegt euch, betreibt mäßigen Sport, ernährt euch gesund und trinkt reines Wasser!

Menschen, die eine hohe Grundschwingung und zugleich körperliche Gebrechen haben, vergessen oft auf ihren feststofflichen Körper.

Dein Körper verdient genau die Aufmerksamkeit wie dein Geist und dein spirituelles Wesen.

Du bist eine Einheit bestehend aus Geist und Seele, aus einem spirituellen, mentalen, emotionalen Körper wie aus einen Ätherleib. Du bist sehr viele Körper und alle bedürfen deiner Wertschätzung und Liebe.

JJK: Das heißt sich selbst und seinem Körper Gutes zu tun – Fitness nicht nur für die Seele?

TUE, WAS DIR GUTTUT!

ERZENGEL ARIEL: Was immer deinem Körper guttut, was sich gut für dich anfühlt, das tue.
Du kehrst zwar ohne physischen Leib in die spirituelle Welt zurück, doch für das Leben auf Erden benötigst du deinen Körper genauso wie deinen Geist.

Integriert körperliche Aktivitäten genauso in euren Alltag wie spirituelle Übungen.

Dieses Gleichgewicht ist jetzt essenziell und sorgt für eine gute Erdung.

JJK: Die Schwingungsanpassungen einerseits und die dichte Schwingung unseres Umfeldes andererseits sind eine wahre Herausforderung. Ich kenne Menschen, die sind körperlich topfit und spirituell voll auf Kurs – aber auch viele dieser Menschen sind sehr oft schnell müde oder erschöpft.

ERZENGEL ARIEL: Bis zu einem bestimmten Grad ist das unvermeidlich, da sich planetare Schwingungsveränderungen oder individuelle energetische Prozesse – aufgrund der Heilungsarbeit – immer auswirken. Wichtig allein ist, dass Müdigkeit, Niedergeschlagenheit oder Erschöpfung kein Dauerzustand werden. Dem kannst du mit gezielter Arbeit an Geist und Körper ganz entspannt entgegenwirken.

Die Botschaft ist: Liebe dich selbst und liebe alles an dir! Liebe dich selbst, so wie wir dich lieben.

Ich bin
ERZENGEL ARIEL

„Die göttliche Wahrheit
offenbart sich dem,
der in der Unterscheidung
das Ganze und in der Vielfalt
die Einheit erkennt."

BABAJI

GUTES KARMA, SCHLECHTES KARMA

BABAJI

WENN URSACHE UND WIRKUNG NACHLASSEN

3. SEPTEMBER 2021

WENN URSACHE UND WIRKUNG NACHLASSEN

„Wenn das Gesetz von Ursache und Wirkung im Leben eines Menschen beginnt nachzulassen, dann fühlt er sich ganz von selbst von heiligen Orten und von guten Menschen angezogen. Das Gegenteil trifft ebenso zu, wenn die Laster eines Menschen überhandnehmen. Es wird ihn unwillkürlich zu schlechten Menschen und an Orte ziehen, die niedrige Schwingungen haben. Sein Karma erlaubt es ihm nicht, an einem heiligen Ort zu verweilen. Deshalb sollte jeder Mensch den Weg der Wahrheit gehen." (Babaji spricht: Prophezeiungen und Lehren)[9]

JJK: So werden also alle Menschen, die jetzt die lichtvolle Zukunft für die Erde mitgestalten, dort auch hingelangen – gute Menschen zu guten Menschen und schlechte Menschen zu schlechten Menschen. Alle finden wir uns dort ein, wo es uns erlaubt und aufgrund unserer Seelenverträge und Seelenreife möglich ist.

Das erklärt auch, warum so viele Politiker oder Menschen, die diese Unmenschlichkeit auf Erden mitverantworten, so sind, wie sie sind.

Sie leben „ihrer Wahrheit“ und ihres Karmas gemäß.

BABAJI: Jeder Mensch ist selbst der Schmied seines Schicksals. Unumstößlich steht das Karma über allem, es sei denn, die göttliche Gnade hebt das schlechte Karma eines Menschen auf.

Hast du daran gezweifelt, dass all die Menschen, die sich von der hohen Schwingung der 5. Dimension angezogen fühlen, auch dahin finden werden?

JJK: Ja, weil es manchmal so gar nicht danach aussieht. Viele, die sich das von Herzen wünschen, werden immer tiefer in den Sog dieses nieder schwingenden Umfeldes gezogen. Ich selbst kenne einige Menschen, die gute Absichten haben, aber aus dem Hamsterrad dieser Matrix einfach nicht herausfinden.

BABAJI: Diese Menschen haben schlechtes Karma abzutragen. Diese Menschen sind deshalb in der Situation, weil sie ihre Wahrheit aufarbeiten und zu Ende leben müssen. Nur die göttliche Gnade kann den Weg verkürzen.

Menschen, die gerne an einem friedvollen Ort leben und von Menschen, die in Liebe verbunden sind, umgeben sein wollen, dementgegen aber eine lieblose und harte Wirklichkeit vorfinden, arbeiten sich aus dem schlechten Karma heraus. Diese Menschen sind am besten Wege, die Orte ihrer Sehnsucht zu erreichen.

Was getan werden muss, muss getan werden, was Erkenntnisse hervorbringt, muss erlebt werden – und was einer Heilung bedarf, muss erlöst werden. Das ist der Weg der Wahrheit.

JJK: SCHLECHTE Menschen – viele Esoterikkonzepte sagen, es gibt kein „GUT“ oder „SCHLECHT“.

BABAJI: Lass diese Konzepte ruhig Konzepte sein, sie sind die Brücken zum endgültigen Verständnis. Die göttliche Wahrheit offenbart sich dem, der in der Unterscheidung das Ganze und in der Vielfalt die Einheit erkennt.

JJK: Bei wie vielen Menschen weltweit beginnt das Gesetz von Ursache und Wirkung jetzt nachzulassen?

BABAJI: Bei einem Zehntel der Menschheit – das ist eine ausreichende Anzahl von Menschen, um den Sprung auf die höhere Schwingungsoktave der Neuen Erde zu erreichen.

Ich segne dich, der du diese Botschaft überbringst, und ich bin mit dir, der du diese Botschaft gelesen hast und wie einen Schatz in deinem Herzen bewahrst.

Ich bin BABAJI

„Gold und Silber – irdische Vermögen – a priori als Hindernis für die Himmelfahrt zu bezeichnen, ist eine Idee der kirchlichen Institutionen – und sie selbst sind es, die von diesem Glauben am meisten profitieren."

MUTTER MARIA

SPIELBALL ODER SPIELER?

MUTTER MARIA

DU UNTERSCHÄTZT DICH!
WAS IST HINGABE?
VERKAUFE ALLES, WAS DU HAST!
REICHTUM

30. SEPTEMBER 2021

DU UNTERSCHÄTZT DICH!

Seid euch bewusst! Seid euch der Kraft des Lichts und der Macht der Liebe bewusst!

Die, die euch knechten und an das Rad der Zeit ketten wollen, wissen, dass ihre Zeit abgelaufen und ihr Ende auf dieser Erde gekommen ist. Allein deshalb verbreiten sie Chaos und sie vermitteln den Menschen die Illusion der Ausweglosigkeit.

Befreit euch jetzt von den inneren Bildern, von den Gedanken und Vorstellungen, die durch eure Medien genährt werden. Ihr lebt unter einer künstlich erschaffenen Blase aus Angst. Diese Illusion wird weltumspannend genährt, sodass die Menschen daran glauben – und so glaubt ihr auch an eure Ausweglosigkeit.

Es gibt keinen größeren Irrtum, als den, dich selbst als Spielball anstatt als Spieler wahrzunehmen.

Lass jetzt die Sorgen um deine Zukunft genauso los wie die Ängste vor einer dystopischen Welt. Gib diesen Plänen keine Nahrung mehr, indem du sie verfolgst und dich mit den Ängsten, die davon ausgehen, identifizierst.

Was von langer Hand geplant scheint, wird und kann sich auf der Welt, an der du mitgestaltest, nicht erfüllen. Nichts von dem ist wahr und nichts von dem wird eintreffen.

Du unterschätzt immer noch deinen eigenen Willen und deine Möglichkeiten, diesem Treiben auf Erden ein Ende zu bereiten. Noch immer beherrscht dich die Ohnmacht und du fühlst dich den Ereignissen allzu oft hilflos ausgeliefert. Das ist ein großer Irrtum, den es jetzt durch die Hingabe an Gott zu korrigieren gilt.

WAS IST HINGABE?

Gib dich ganz Gott hin! Was aber ist Hingabe? Hingabe ist weder ein blinder Glaube noch ein blindes Vertrauen.

Wahre Hingabe heißt, dass jede Trennung zwischen dir und Gott aufgehoben ist – aus Gott heraus zu handeln, das ist wahre Hingabe. Wer in dieser Einheit lebt, für den ist alles gut und sinnerfüllt. Das Verständnis eines solchen Menschen kennt keine Grenzen und seine Liebe ist alles umfassend.

Am Ende deiner spirituellen Reise fällt alles ab von dir und was dir bleibt, ist Gott – die allein selig machende Wirklichkeit.

Der spirituelle Aufstieg beginnt beim Glauben und setzt sich im Vertrauen fort. Den Gipfel jedoch erreichst du durch pure Hingabe – es ist das Ereignis, bei dem die Trennung zwischen DIR und GOTT nicht mehr existiert.

Dann bist du bereit, dein Leben zu führen und deine Aufträge zu leben.

Dann fällt die Ohnmacht von selbst von dir ab und du bist mächtig: mächtig, nicht um über andere zu herrschen, sondern um für das Leben einzutreten, mächtig, nicht um Macht über etwas auszuüben, sondern um Macht für etwas einzusetzen.

Dann verfügst du über die Kraft, die dir von Geburt an verliehen ist, die sich aber später durch die Konditionierungen verflüchtigt.

Gib alles ab, gib alles auf und gib dich ganz Gott hin – und danach: LEBE!

VERKAUFE ALLES, WAS DU HAST!

JJK: Ich denke jetzt an die Bibelstelle, wo JESUS gesagt haben soll: *„Geh, verkaufe, was du hast, gib das Geld den Armen und du wirst einen bleibenden Schatz im Himmel haben; dann komm und folge mir nach!“* (Mk 10, 21)

Hat JESUS das jemals wirklich genauso gesagt?

MUTTER MARIA: „Gib alles auf, was du hast, dann komm und folge mir nach!“ Das ist das Jesus-Wort.

JJK: Was gilt es aufzugeben?

MUTTER MARIA: Vorstellungen, Meinungen, Glaubenssätze, Gelübde, Versprechungen, Einweihungen, Muster, Blockaden - alles, was dich an diese Erde bindet und an das Rad der Zeit fesselt, das ist gemeint. Denn nur solch ein Mensch kann JESUS nachfolgen.

Niemand muss sein Haus verkaufen, seinen Besitz verschenken – niemand. Dein irdischer Reichtum kann vielen Menschen eine große Hilfe sein. Wenn du bereit bist, weiterzureichen und zu teilen, dann bist du und sind deine Ahnen gesegnet.

Wichtig allein ist, die innere Bindung an die Dinge loszulassen und die Hingabe an Gott zu leben – allmählich wunschlos zu werden und schließlich ohne Wünsche zu sein, das ist der Weg.

JJK: *„Eher geht ein Kamel durch ein Nadelöhr, als dass ein Reicher in das Reich Gottes gelangt!“,* soll JESUS zu seinen Jüngern gesagt haben. Wie ist dann das zu verstehen?

REICHTUM

MUTTER MARIA: „Reichtum“ hat viele Gesichter. JESUS, der Christus, spricht die Menschen an, die ihre Vorstellungen von dieser Welt wie einen Schatz hüten.

Wer innerlich an diese Illusion gebunden ist, bleibt unempfänglich für die Wirklichkeit Gottes.

Wer an den Dingen klammert und sich niemals mit der Endlichkeit seines Menschseins sowie mit der Unendlichkeit seines göttlichen Wesens auseinandersetzt, der kann nicht eingehen in das Himmelreich.

Gold und Silber – irdische Vermögen – a priori als Hindernis für die Himmelfahrt zu bezeichnen, ist eine Idee der kirchlichen Institutionen – und sie selbst sind es, die von diesem Glauben am meisten profitieren.

Waren es nicht Kirchen und Staaten, die den Menschen die Armut brachten und sich selbst bereicherten?

Geliebter Mensch!

Du kannst an Gott glauben oder du kannst Gott vertrauen, doch der Königsweg ist deine Hingabe.

Erwarte, dass Gott in dein Leben eingreift. Für alles gibt es eine Lösung durch Gott, denn die Lösung ist Gott.

Die Zukunft dieser Erde wird von Menschen wie dir gestaltet und ist euch nicht von unmenschlichen Wesen vorherbestimmt. Die großen Verwerfungen führen am Ende zum Guten.

So gehe hin und gib auf, was du hast, damit dir alles gegeben wird, denn Gott und du sind eins.

Ich liebe euch unendlich

MUTTER MARIA

„Auferstehung und Neugeburt beschreiben ein und dasselbe: die Inanspruchnahme deiner Göttlichkeit."

JESUS CHRISTUS

AUFERSTEHUNG
TEIL 1

JESUS CHRISTUS

DIE MACHT DEINES GEISTES
DIE SPIRITUELLE PRAXIS
WAAGSCHALE DES SCHICKSALS
INANSPRUCHNAHME DEINER GÖTTLICHKEIT
GIBT ES DIE LEIBLICHE AUFERSTEHUNG?

4. OKTOBER 2021

DIE MACHT DEINES GEISTES

JJK: *„Der Geist, der in euch wirkt, ist mächtiger als der Geist, der die Welt regiert."* (Bibel, 1. Joh. 4,4)

Mehr braucht man nicht zu wissen – oder?

JESUS CHRISTUS: Sobald der Mensch diese Tatsache als Wahrheit erkennt, hat er den Sinn seines Seins erfasst. Die einzige Schwierigkeit, vor der die Menschen heute stehen, ist, dass sie nicht wissen, wer sie in Wirklichkeit sind. Tritt diese Erkenntnis ein, dann ändert sich zunächst für den Menschen selbst alles und daraufhin ändert sich die ganze Welt.

Du als Einzelner bist mächtiger als alles auf der Welt! Das zu erfahren, bedeutet neugeboren zu sein und aufzuerstehen.

Wie nun zu dieser Erkenntnis und Erfahrung gelangen?

Indem du mutig nach deinen inneren Eingebungen lebst.

Setze gewonnene Erkenntnisse immer in die Praxis um. Denn der Pfad zur Erleuchtung verlangt nach Aktion.

Mit deiner Macht kannst du nur umgehen lernen, wenn du damit experimentierst.

Kläre jede Unternehmung mit Gott deinem Schöpfer ab – und dann schreite zur Tat. Manches wird dir gelingen, manches kann scheitern. Beachte das Scheitern nicht, sondern wachse mit den Erfolgen.

Die Macht deines Geistes in Aktion zu erleben, ist die größte Erfahrung, die ein Mensch machen kann. Deshalb sind dein Mut und deine Tatkraft gefragt. Wer niemals wagt und springt, bleibt von bestimmten Erfahrungen und Erkenntnissen ausgeschlossen. Willst du deine Macht erleben, dann tritt in Aktion.

Der Geist, der die Welt regiert, lebt von der Unwissenheit, Trägheit und Ohnmacht der Menschen.

WAAGSCHALE DES SCHICKSALS

Heute erlebt ihr auf diesem Gebiet den größten Umbruch in der Zeitgeschichte. Das ist es, was den Mächtigen dieser Welt Sorgen bereitet. Denn den Erwachenden wird ihre eigentliche Kraft und Macht immer bewusster. Mit jedem Tag verändert sich daher die Grundschwingung auf der Erde und das Verhältnis von Macht und Ohnmacht beginnt sich in die Richtung der Lichtkrieger zu verlagern.

Auf der Waagschale des Schicksals erhält dein Einsatz immer mehr Gewicht!

Deshalb verbinde dich mit dir selbst, mit deiner Göttlichkeit in deinem Inneren – von dort aus spricht Gott mit dir, dort kannst du sein Flüstern wahrnehmen.

Daraufhin nimm dein Leben in die eigenen Hände – übernimm für alles die Verantwortung! Sag niemals: „Der oder die ist an meinem Unglück schuld!“, oder, „Die Umstände lassen mich nicht in meine Kraft kommen!“ ***Die Verantwortung für dein Leben trägst du selbst, du allein – sonst niemand!***

Lass dir von nichts und von niemandem etwas vormachen und am wenigsten von deinen unterbewussten Programmen des Selbstzweifels und des Mangels! Werde innerlich frei! Innerlich frei sollst du sein! Betrachte deine dich kleinmachenden Phänomene im Lichte Gottes und löse sie auf!

Warum, glaubst du, ging ich immer wieder in die Wüste? Um mit mir zu arbeiten und um mich mit dem Vater im Himmel zu verbinden! Tue es mir gleich! Die Befreiung von äußeren Umständen beginnt in deinem Inneren.

INANSPRUCHNAHME DEINER GÖTTLICHKEIT

Dir ist per Geburt die Macht verliehen, dich selbst zu erkennen und aufzuwachen! Du besitzt die Kraft und in dir wirkt der allmächtige Geist Gottes. Weniger kannst du nicht sein, es sei denn, du entschließt dich im Nebel zu leben. Durch die allmächtige Kraft deines Geistes kannst du dein altes Leben abstreifen und auferstehen!

Auferstehung und Neugeburt beschreiben ein und dasselbe: die Inanspruchnahme deiner Göttlichkeit.

Meine Auferstehung war genauso wenig eine leibliche Auferstehung, wie es deine sein kann. Was aufwacht, ist dein Geist – und was aufersteht, ist dein göttliches Bewusstsein.

Der Tag, an dem du dich über den irdischen Geist erhebst, ist der Tag, an dem du diese Welt gemeistert und die Feinde im Inneren besiegt hast.

Kein Name bleibt von dir, sondern pure Göttlichkeit und Liebe.

GIBT ES DIE LEIBLICHE AUFERSTEHUNG?

JJK: Gibt es die leibliche Auferstehung überhaupt?

JESUS CHRISTUS: Gott und dem Menschen, der Gott verwirklicht hat, ist alles möglich! Jedoch warum soll ein Mensch leiblich auferstehen?

JJK: Weil durch dieses Wunder so mancher Mensch zum Göttlichen finden könnte ...

JESUS CHRISTUS: Wer sehen kann, braucht dieses Wunder nicht, und wer nicht sehen will, dem hilft es nicht – wahr ist: Die Vorstellung meiner Auferstehung im Jerusalem bindet die Menschen an ihren irdischen Körper.

Viele glauben, sie würden mit Fleisch und Blut das Himmelreich betreten. Diese Vorstellung führt dazu, dass die Menschen mit dem Ableben ihres Körpers nicht umgehen können. Das Wissen um die vielen feinstofflichen Körper, die ein Mensch hat, und um die ungezählten feinstofflichen Welten, die es gibt, ist dafür sehr hilfreich.

Nein! Mit einem Körper der dritten Dichte kommt niemand im Himmel an!

Sei dir gewiss: Alles geschieht durch deinen Geist, alles ist Geist und geht aus dem Geist hervor – und am Ende kehrt jeder Mensch in den Geist zurück.

Nun gehe hin und werde dir der Macht deines göttlichen Geistes bewusst!

Ich liebe dich unendlich

JESUS CHRISTUS

„Verwirkliche die Liebe zu allem, was ist – mehr brauchst du nicht zu tun, um dein Examen für den Planeten Erde zu bestehen."

JESUS CHRISTUS

AUFERSTEHUNG TEIL 2

JESUS CHRISTUS

DER LEIBLICHE AUFSTIEG?

7. OKTOBER 2021

DER LEIBLICHE AUFSTIEG?

JJK: Ich kenne Lichtarbeiter, die gehen fest davon aus, dass sie mit dem irdischen Körper in den Himmel aufsteigen. Ein Irrtum?

JESUS CHRISTUS: Ja, das ist den eigenen Glaubensvorstellungen geschuldet und hat nichts mit der Wirklichkeit zu tun.

JJK: Der Prophet ELIJA soll ja mit dem Körper aufgestiegen sein: *„Während sie miteinander gingen und redeten, erschien ein feuriger Wagen mit feurigen Pferden und trennte beide voneinander. Elija fuhr im Wirbelsturm zum Himmel empor."* (Das zweite Buch der Könige, Kapitel 2, 11)

An anderer Stelle in der Bibel ist von der leiblichen Aufnahme Marias in den Himmel die Rede und sie wird von unterschiedlichen Konfessionen alljährlich am 15. August gefeiert. Auch von „Christi Himmelfahrt" zeugt die Bibel: *„Dann führte er sie hinaus in die Nähe von Betanien. Dort erhob er seine Hände und segnete sie. Und während er sie segnete, verließ er sie und wurde zum Himmel emporgehoben; sie aber fielen vor ihm nieder.*

Dann kehrten sie in großer Freude nach Jerusalem zurück." (Lk 24,50–52)

JESUS CHRISTUS: Der Prophet ELIJA wurde mit einem Lichtstrahl auf ein Raumschiff teleportiert und er verließ auf diese Weise die Erde. Mutter Maria legte ihren Körper, wie es ein jeder Mensch schon unzählige Male getan hat und noch tun wird, ab. Ich verklärte mich vor den Augen der Apostel, indem ich meinen Lichtkörper sichtbar für deren Augen aktivierte und entschwand. Ich verwandelte meine Gestalt, um deren Glauben in das Göttliche zu stärken. Gott ist alles möglich, dies sahen sie und sie glaubten.

Später wurden die Geschichten für die Bibel angepasst, sodass nur noch ein Kern von Wahrheit erhalten blieb.

JJK: Was kannst du jenen Menschen sagen, die heute auf ihre leibliche Himmelfahrt warten?

JESUS CHRISTUS: Beendet dieses Warten und befreit euch von dieser Vorstellung! Widmet eure Kraft der eigenen Heilung!

Das sage ich jenen, die für diesen Hinweis offen sind. Jene, die mit aller Macht dieser Vorstellungen folgen, kann niemand mit Worten erreichen – die Wirklichkeit wird ihnen diesen Irrtum enthüllen.

Ich sage dir: Verwirkliche die Liebe zu allem, was ist – mehr brauchst du nicht zu tun, um dein Examen für den Planeten Erde zu bestehen. Dann wirst du auferstehen und deine Himmelfahrt kommt bestimmt.

Sei bereit, dein irdisches Kleid aufzugeben, damit dir das Gewand des Himmels überreicht werden kann. Das ist der Weg von der feststofflichen in die feinstoffliche Ebene des Seins.

JJK: Der Titel für den 11. Band der Meisterdialoge soll „AUFERSTEHUNG" heißen. Das wird mir seit Wochen eingespielt.

Jetzt frage ich mich, ob die Menschheit für die „Auferstehung" schon bereit ist oder der Titel noch verfrüht ist?

JESUS CHRISTUS: Nicht auf die Menschheit kommt es an, sondern auf den einzelnen Menschen.

Auf den kommt es an, der den Durchbruch zu einer spirituellen Natur vollzieht und göttliche Bewusstheit erlangt.

Du siehst, geliebter Mensch,
es ist immer die Rede von DIR!

Ich liebe dich unendlich

JESUS CHRISTUS

„Kannst du alles überblicken?
Auch der Erwachte kann es nicht.
Der Unterschied zu dir ist nur,
dass sich der Erwachte gar nicht
einbildet, alles überblicken
zu müssen."

SAI BABA

ERFOLG ODER MISSERFOLG, WAS TUT'S

SAI BABA

TUE DEIN BESTES UND HABE MUT!
WARUM GERADE MIR?
KONTROLLE ABGEBEN UND GOTT VERTRAUEN
MEISTERSCHAFT STATT VERZWEIFLUNG

24. OKTOBER 2021

TUE DEIN BESTES UND HABE MUT!

„Gebt euch ganz in die Hände Gottes und lasst zu, dass er euch Erfolg oder Misserfolg gibt, was tut's! Er mag euch züchtigen, er mag euch erfreuen. Was auch immer, es ist gut für euch. Wie könnt ihr darüber urteilen? Wer seid ihr, dass ihr das beurteilen könnt? Tut euer Bestes und habt Mut!" (Jesus und Sai Baba)[10]

JJK: Das ist wohl der Punkt bei sehr vielen Menschen. Sie verstehen einfach nicht, warum dies oder jenes geschieht und warum sie jetzt vor so vielen „Prüfungen" stehen? „Warum lässt Gott das alles zu?" Vor dieser Frage kapitulieren jetzt sehr viele Menschen. Ich nehme das auch in meinem Umfeld wahr. Auf diese Frage finden die Menschen einfach keine Antwort. Dabei ist die Antwort ganz einfach: nicht alles mit dem Verstand kontrollieren zu wollen, nicht alles verstehen zu wollen, Gott machen zu lassen und selbst mutig sein Bestes zu geben.

SAI BABA: Die Antwort ist einfach, doch wer liebt schon einfache Antworten.

Geliebter Mensch, solange du glaubst, mit dem Verstand alles kontrollieren zu wollen oder begreifen zu müssen, dreht sich dein Rad des Karmas weiter. Es anzuhalten, kannst du nur, wenn du endlich Gott alles überlässt.

Woher willst du wissen, welche Prüfungen und Herausforderungen du für dieses Erdenleben gewählt hast? Du führst eine „spirituelle" Lebensweise, du tust niemandem etwas Böses und du machst deine Hausaufgaben? Gut, aber trotzdem ist dir das Schicksal nicht geneigt und du stehst vor Aufgaben, die du glaubst, nicht bewältigen zu können. Ich sage dir: Exakt das hast du gewählt, Aufgaben, die du scheinbar nicht bewältigen kannst, die du aber mit Mut, Durchhaltevermögen und mit Gott bewältigen wirst.

Der Sinn einer Herausforderung ist, dass diese herausfordernd ist. Alles andere ist für einen Engel, der als Mensch inkarniert, uninteressant.

WARUM GERADE MIR?

JJK: Welche Rolle nimmt hier der Verstand ein? Ich kenne Menschen, die alles in ihrem Leben unter Kontrolle haben wollen – die Kinder, den Partner, die Freunde, den Job, usw.

Verhält sich jemand anders oder kommt etwas anders als geplant, dann finden sich diese Menschen einfach nicht mehr zurecht. „Warum geschieht das gerade mir?“, ist dann die beliebte Frage und sie hadern mit dem Leben. Was kannst du diesen Menschen sagen?

SAI BABA: Solange du dem begrenzten Verstand diese Kompetenz einräumst, kann ich dir nicht helfen. Solange du dir über alles und über jeden den Kopf zerbrichst, eilst von Enttäuschung zu Enttäuschung. Erst wenn du davon wirklich genug hast, bist du für das, was ich dir zu sagen haben, offen.

Dann sage ich dir: Erfolg oder Misserfolg spielen für einen wahrhaftig spirituellen Menschen keine Rolle. Dieser Mensch folgt seiner inneren Stimme und folgt Gott.

Positive oder negative Resultate sind Zeiterscheinungen, die sich der Bewertung eines Erwachten entziehen. Der Erwachte akzeptiert, für den Erwachten SIND die Dinge, wie sie sind, und es IST das Leben, wie es ist.

Kannst du alles überblicken? Auch der Erwachte kann es nicht.

Der Unterschied zu dir ist nur, dass sich der Erwachte gar nicht einbildet, alles überblicken zu müssen. Demut am richtigen Platz ist hier der Schlüssel.

Du bist göttlichen Ursprungs, Gott ähnlich und Gott gleich. Dein menschliches Bewusstsein ist der Schleier, der dich von diesem Wissen trennt. Diese Trennung bleibt bis zu einem bestimmten Grad so lange aufrecht, solange du auf Erden inkarnierst. Deshalb ist es für einen Menschen unmöglich, alles zu begreifen, alles zu erfassen, alles zu wissen – und vor allem ist es unmöglich, alles zu kontrollieren.

JJK: Die Kontrolle ab- oder aufzugeben bzw. sich Gott hinzugeben, ist leichter gesagt als getan – oder?

KONTROLLE ABGEBEN UND GOTT VERTRAUEN

SAI BABA: Wer kein Leid mehr erfahren möchte, hat nur eine wirksame Möglichkeit, dies zu erreichen: die Kontrolle über dies und jenes, über diesen und jenen aufzugeben. Sehr viele Menschen sind wahre Kontrollfreaks.

Unruhige und unsichere Zeiten stellen an diese Menschen immer die größte Herausforderung – und ich sage euch:

Die Ereignisse dieser Zeit lehren euch, die Kontrolle abzugeben und Gott zu vertrauen. Die derzeitigen Umstellungen auf allen Ebenen sind massiv! Was willst und was kannst du da noch kontrollieren? Das wird jetzt immer mehr Menschen bewusst und so meistern viele diese selbst gewählte Prüfung – von der Kontrolle in das Gottvertrauen, Gott machen zu lassen und mutig das Beste zu geben.

Das ist es, worauf es für einen spirituellen Menschen jetzt ankommt. Solange du mit dem Leben haderst, hast du die spirituelle Dimension des Lebens noch nicht begriffen.

JJK: Das heißt, auch Lichtkrieger und Lichtarbeiter stehen jetzt vor sehr großen Herausforderungen. Viele Lichtarbeiter wollen ja keine Dramen mehr und erleben doch welche …

SAI BABA: Gerade Lichtarbeiter haben bedeutsame Aufgaben gewählt und besitzen eine große Bereitschaft, aus dem Rad von Tod und Wiedergeburt auszusteigen.

Das ist immer mit großen Herausforderungen verbunden.

Oft werden die letzten karmischen Verflechtungen gelöst und sehr oft geht es bei diesen Menschen in diesem Leben um das Ganze – um alles. Das heißt, hier ist das große Aufräumen angesagt und so sehen sich diese Menschen nochmals und letztmalig Dramen gegenüber, die dazu einladen, gemeistert zu werden.

MEISTERSCHAFT STATT VERZWEIFLUNG

Bisher sind viele Menschen an den Schwierigkeiten eines Lebens verzweifelt.

Diesmal werdet ihr sie bewältigen und wie Phönix aus der Asche zu neuem Leben aufsteigen.

Das ist es, worum es jetzt geht. Wenn du glaubst, deine Probleme sind unlösbar und der Lauf der Welt spielt dir übel mit, dann sei bereit, die Probleme zu lösen – und nicht der Welt oder Gott die Schuld dafür zu geben. Es ist deine Gelegenheit, um dem Leben, wie es ist, eine mutige und lichtvolle Antwort zu geben.

Du bist eingeladen, an den Herausforderungen zu wachsen und nicht daran zu scheitern. Das ist wahre Meisterschaft, die es jetzt zu erlangen gilt und die du jetzt erlangen wirst – denn allein dafür bist du geboren.

JJK: Alles ist also gut?

SAI BABA: Alles ist, wie es ist – und Gott in seiner Weisheit und Gnade führt dich sicher durch das Labyrinth der Zeit.

Auch wenn zunächst kein Ausweg in Sicht scheint, so bringt dich jeder Schritt dem Ausgang näher.

Erfolg oder Misserfolg, was kümmert' s dich, solange du mit dem Strom SEINER Gnade verbunden bist.

Ich liebe dich unendlich

SAI BABA

„Wisset, dass ein jeder Mensch
eines Tages von selbst zu fragen
beginnt – und es braucht
nur noch einen Wink und
der Mensch akzeptiert."

SANANDA

WOZU ETWAS SAGEN, WENN EIN WINK REICHT?

SANANDA

DIALOG SUFI-MEISTER / IRINA TWEEDIE
DIE RICHTIGEN FRAGEN
DER SINN VON DEMONSTRATIONEN
DAS SCHICKSAL DER GETÄUSCHTEN
DAS SCHICKSAL DER „UNMENSCHEN"

28. NOVEMBER 2021

DIALOG SUFI-MEISTER / IRINA TWEEDIE

Sufi-Meister: „Tasseldar (der Trinker) hat sich gestern Abend über den Rechtsanwalt Bhalla ausgelassen. (...)

Irina Tweedie: „Konnten Sie ihm denn nicht sagen, dass man nicht so über andere sprechen solle?

Sufi-Meister: „Wozu? Die Leute hören einem nicht zu, geschweige denn, dass sie etwas annehmen. Sie hören nicht zu und nehmen nichts an. Bevor nicht der Zeitpunkt gekommen ist, akzeptiert niemand etwas. Aber wenn die Zeit da ist, bedarf es nur noch eines kleinen Winks und der Mensch akzeptiert…"
(Der Weg durchs Feuer) [11]

JJK: Dann gibt es nur zwei Wege:
1) zu schweigen und abzuwarten
2) zu erkennen, wann jemand bereit ist.

SANANDA: Diese Wege gilt es zu erkennen und ein Meister erkennt diese Wege immer.

Ein Meister versteht es zu schweigen und er ist von irdischen Angelegenheiten innerlich so losgelöst, dass er bedingungslos akzeptieren kann.

Der verwirklichte Mensch nimmt in Liebe an und lässt in Liebe los.

JJK: Ich erlebe immer wieder, wie sinnlos es ist, jemandem etwas zu sagen, der dafür nicht bereit ist. Ich selbst habe damit schon lange aufgehört. Doch das Erkennen für den richtigen Augenblick, für den Zeitpunkt, an dem ein Mensch bereit ist, fällt mir oft noch schwer.

DIE RICHTIGEN FRAGEN

SANANDA: An den Fragen des Menschen erkennst du seine Bedürfnisse und Wünsche – und an den Fragen kannst du ableiten, wo ein Mensch in seiner spirituellen Entwicklung steht.

JJK: Das heißt, auch jetzt, während immer mehr Menschen die C-Injektion gutheißen, kann man niemandem etwas sagen?

SANANDA: Jeder Versuch, einen Menschen in eine Richtung zu bewegen, in die er nicht gehen will, scheitert.

Die Entwicklung, die jetzt auf die ganze Menschheit zukommt, indem der Einzelne JA oder NEIN zur Umwandlung seines genetischen Bauplanes sagt, kann von niemandem durch Worte gestoppt werden. Was geschieht, ist, dass viele Menschen auf spiritueller Ebene für das Treiben auf Erden sensibilisiert werden. Das Erwachen, dass ihr derzeit durchwegs wahrnehmen könnt, ist das Resultat davon.

Die Menschen werden mit spirituellem Licht aus der ZENTRALEN SONNE geflutet und manche lassen sich davon tief im Inneren berühren. Aber auch diese Menschen kommen mit den richtigen Fragen zu dir, so sie glauben, bei dir Antworten zu erhalten.

DER SINN VON DEMONSTRATIONEN

JJK: Welchen Sinn haben dann die vielen Demonstrationen?

SANANDA: Die Menschen, die sich bereits dagegen entschieden haben, sehen, wie viele sie sind. Ihr begreift und spürt, welche Macht von euch ausgeht. Es ist eine Machtdemonstration eures freien Willens.

JJK: Wird das etwas verändern?

SANANDA: Es hat schon vieles verändert und es verändert sich weiter. Die Energie ist im Begriffe zu drehen und immer mehr Menschen sagen NEIN, auch wenn sie nicht wissen, wie es dann weitergeht. Dieses Grundvertrauen in die eigene Kraft wird jetzt für viele Menschen spürbar.

Zu erleben, dass es trotz der massiven Schwierigkeiten immer weitergeht, dass es sich lohnt, NEIN zu sagen und aufzustehen gegen dieses Unrecht, setzt enorme Energien frei.

Wer sein Leben behalten will und diese Injektionen annimmt, wird es verlieren.

Wer sein Leben hingibt, indem er vom gesellschaftlichen Leben ausgeschlossen ist oder verfolgt wird, der wird das Leben am Ende gewinnen.

Die Wahrnehmung der Menschen ist getrübt, denn es ist den meisten Menschen unmöglich, die Zusammenhänge des Zeitgeschehens zu erkennen und Worte helfen dabei gar nicht.

Worum es geht, ist, dass der Mensch seiner eigenen Seelenentwicklung gemäß an dem Punkt ankommt, an dem ein Wink genügt.

DAS SCHICKSAL DER GETÄUSCHTEN

JJK: Aber so viele Menschen werden ja jetzt getäuscht. Sie wollen die Spritze nicht, aber sie fühlen sich genötigt. Neulich an der Tankstelle erzählte mir die Mitarbeiterin, sie sei bereits zweimal geimpft. Sie wollte das nicht, musste es aber, damit sie ihre Familie, die jenseits der Grenze lebt, besuchen und sie die Arbeit behalten kann. „Ich wollte nicht", sagte sie mir mit tränenerstickter Stimme, „und immer, wenn ich daran denke, werde ich traurig."

SANANDA: Diese Schicksale finden in Gottes Gnade Heilung. Niemand, der auf diese Weise verletzt und misshandelt wurde, wird aus spiritueller Sicht dauerhaften Schaden von dieser Therapie davontragen. Auf der Ebene des Körpers jedoch wird und muss sich diese Intervention eines Tages negativ auswirken. Manche Menschen sind wie Kinder, sie können das ganze Bild nicht sehen – und diesen Menschen wird die Hilfe Gottes zuteil.

Keiner von diesen Menschen wird nach dem Verlassen des Körpers im Jenseits herumirren und seine Seele suchen müssen. Ein jeder dieser Menschen ist in Gottes Gnade geborgen.

Ganz anders verhält es sich bei jenen Wesenheiten, die an diesem satanischen Akt mitwirken oder bei jenen, die voller Überzeugung dieser Intervention zustimmen.

DAS SCHICKSAL DER "UNMENSCHEN"

JJK: Was geschieht aus spiritueller Sicht mit diesen "Unmenschen", die diese Spritze kreiert haben und sie jetzt unter die Menschen bringen, mit den Erfindern, den Verkäufern und den Politikern, die das alles gutheißen?

SANANDA: Jedes menschliche Schicksal ist einmalig. Grundlegend ist, dass alles, was ein Mensch bewirkt, als Energie zu ihm zurückfließt. Menschen, die anderen Menschen großen Schaden zufügen, haben noch eine lange Reise in der Zeit vor sich. Karma wirkt sich auf dieser Dichte aus und am Ende muss ein jeder Mensch in Harmonie schwingen und das

Gleichgewicht muss wiederhergestellt sein. Des Weiteren arbeiten viele seelenlose Wesenheiten an diesem Projekt. Diese werden, nachdem alles getan ist, damit die Menschen ihre Entscheidungen treffen konnten, in das Sein zurück geatmet. Das ist es, was geschieht.

Bleibt in der Liebe und lasst all jene Menschen, die ihr nicht mehr erreichen könnt, in Liebe los!

Wisset, dass ein jeder Mensch eines Tages von selbst zu fragen beginnt – und es braucht nur noch einen Wink und der Mensch akzeptiert.

Ich liebe dich unendlich

SANANDA

„Sprich es den ganzen Tag lang, bis du Teil von diesem Mantra bist: OM NAMAH SHIVAYA – HERR, DEIN WILLE GESCHEHE. Damit legst du dein Schicksal in die Hände Gottes und dort gehört es auch hin, wenn du die Herausforderungen dieser Zeit meistern willst."

BABAJI

OM NAMAH SHIVAYA

BABAJI

DER WEG AUS DER KRISE

1. DEZEMBER 2021

DER WEG AUS DER KRISE

JJK: Ich hatte eine schlaflose Nacht! Immer gingen mir Bilder von den drohenden Freiheitsbeschränkungen im Zuge der jetzt angedrohten Impfpflicht in Österreich durch den Kopf. Was hilft, wenn sich die Gedanken gar nicht mehr beruhigen oder wenn der kollektive „Angst-Teppich" Spuren hinterlässt?

BABAJI: Der Weg ist: OM NAMAH SHIVAYA – wiederholt dieses Mantra den ganzen Tag und die ganze Nacht lang – so lange, bis es unbewusst in jedem Moment eures Lebens mitgesprochen wird. Das ist der Weg aus jeder Krise. Dieses Mantra der Mantren stärkt dich und hält dich im Zentrum deiner Seele.

Sprich es den ganzen Tag lang, bis du Teil von diesem Mantra bist: OM NAMAH SHIVAYA – HERR, DEIN WILLE GESCHEHE.

Damit legst du dein Schicksal in die Hände Gottes und dort gehört es auch hin, wenn du die Herausforderungen dieser Zeit meistern willst.

Dieses Mantra ist kräftiger als jede Energie dieser Welt.

Es immer anzuwenden, bedeutet, unbesiegbar zu sein.

Der Trick der dunklen Kräfte ist es, dich glauben zu lassen, du hättest keine Macht. Mit diesem Mantra erwacht deine Kraft und deine Macht wird dir bewusst.

Willst du ein voll bewusster Teil Gottes werden und kein Teil mehr von dieser Matrix sein, dann benutze dieses Mantra.

Anfänglich wirst du dich darauf konzentrieren müssen, allmählich aber wird es ein Teil von dir werden. Das „Ausschließen" der Welt, sodass dich die Negativität, die sich derzeit entlädt, nicht mehr erreicht, ist der Schlüssel, um in der Kraft und bei Verstand zu bleiben.

Durch dieses Mantra erzeugst du ein eigenes Energiefeld, in das niemand eindringen und das niemand zerstören kann.

Damit erreichst du eine bleibende Anbindung an die Urquelle allen Seins, an die absolute Wahrheit Gottes.

OM NAMAH SHIVAYA – sprich es ohne Unterlass
und alle Schatten werden weichen.

Ich liebe dich unendlich

BABAJI

„Wir sind von der Quelle allen Lebens beauftragt, unsere Kraft und Weisheit für den Wandel, der auf der Oberen Erde alles Leben erfasst hat, einzubringen."

DIE GROSSE BAUMSEELE

WIR STÄRKEN ALLE MENSCHEN!

DIE GROSSE BAUMSEELE

UNTER DER BUCHE
4 INITIATIVEN
LIEBE IST DAS ZIEL

2. JANUAR 2022

UNTER DER BUCHE

JJK: *Als ich mich heute zu meinem Waldspaziergang aufmachte, gingen mir unendlich viele Gedanken und Sorgen durch den Kopf! Während des Weges sortierte ich diese und bemerkte, dass das Meiste nicht von mir war, sondern dass ich das im Laufe der letzten Tage von Zweiten oder Dritten übernommen hatte. Auch die Zuordnungen konnte ich im Wald rasch treffen. Wie kann ich das Ganze jedoch loswerden? Es meldete sich die GROSSE BAUMSEELE und sagte mir: „Komm zu mir, gehe zu deinem Baum! Setz dich hin und übergib mir deine Sorgen und Fremdenergien!"*

„Mein Baum" ist eine beeindruckend hohe Buche mitten im Wald, bei der ich gerne meditiere. Dort angekommen setze ich mich auf das feuchte Laub unter den Baum. Dabei lehne ich Rücken und Kopf an den Baumstamm, während ich meine Füße und beide Hände flach am Boden habe. Mit geschlossenen Augen warte ich darauf, was kommt.

Jetzt sehe ich, wie sich die ganzen von mir aufgenommenen Fremdenergien über das Scheitelchakra in den Baum hinein bewegen und in ganz kleine Teile zerlegt werden.

Danach werden diese Energien vom Baum sortiert, das heißt, in solche, die auf der Erde verbleiben, da sie von den jeweiligen Menschen noch erlöst werden müssen, und in die, die erlöst und ins Licht entlassen werden können.

Jetzt sehe ich, wie der Baum mit seinen Wurzeln, die immer länger werden, die fremden Energien in Pakete schnürt und diese den betroffenen Menschen zustellt, damit sie diese aufnehmen, auspacken und ansehen können. Der Teil aber, der sofort erlöst werden kann, wird zu einer Art Lichtstaub, der dann ganz eindrucksvoll über die Baumkrone in den Himmel entweicht.
(MEDITATION ENDE)

Danach bin ich total befreit und die fremden Sorgen haben sich im wahrsten Sinne des Wortes in der Luft – oder noch zutreffender im Licht – aufgelöst.

DIE GROSSE BAUMSEELE: Wir helfen und unterstützen die Menschheit auf planetarer und auf individueller Ebene. Wir sind Trägerinnen des Lebens und uns sind viele Möglichkeiten geboten, um Heilungen zu bewirken oder um Prozesse zu beschleunigen.

Obwohl sich immer mehr Menschen unserer Bedeutung bewusst sind und sich für unseren Schutz einsetzen, ist die kollektive Energien auf diesem Planeten noch sehr schwer und ist die Umweltbelastung noch sehr hoch für uns.

4 INITIATIVEN

Deshalb haben wir folgende Initiativen ergriffen:

1) DIE GROSSE BAUMSEELE stärkt alle Menschen, die zu dem Bewusstseinswandel aktiv beitragen, indem sie für eine gute Erdung des Menschen sorgt. Dafür erreichen wir die Menschen auf geistig-seelischer Ebene.
2) DIE GROSSE BAUMSEELE stärkt alle Tiere, die kraft ihres Bewusstseins den Menschen große Lasten abnehmen.
3) DIE GROSSE BAUMSEELE stabilisiert den Äther, damit große Naturphänomene, die Zerstörung und erneutes Leid nach sich ziehen, so weit als möglich abgemildert auftreten.
4) DIE GROSSE BAUMSEELE liebt die Menschen und alle Wesen auf dieser Erde und hat sich ganz dem Aufstieg dieses Planeten verschrieben.

Wir sind von der Quelle allen Lebens beauftragt, unsere Kraft und Weisheit für den Wandel, der auf der Oberen Erde alles Leben erfasst hat, einzubringen.

Dies tun wir mit großer Freude und im Bewusstsein, dass uns allen der Sprung in das Zeitalter des Friedens, der Wertschätzung und der Liebe gelingen wird.

Wir wissen, dass wir diese Aufgabe durch die gemeinsame Kraftanstrengung meistern werden, und wir wissen, dass aufgrund individueller Anstrengungen der Zeitpunkt für die globale Trendumkehr nahe ist.

LIEBE IST DAS ZIEL!

Liebe ist das Ziel aller Bestrebungen.

Schreite also voran und vertraue darauf, dass du das Ziel erreichen wirst, sobald du die Lasten abgeworfen und die ALTE Welt hinter dir gelassen hast.

Der Zugang zu den Seelen der Bäume ist die Brücke über den Abgrund deiner niederen menschlichen Natur.

Wir erden und erheben dich, wir stärken und beleben dich, wir zentrieren und navigieren dich durch das Dickicht dieser Zeit.

Das Wissen um unsere Kraft öffnet dir das Tor zur Einheit, denn alles ist miteinander verbunden, alles hat das Bewusstsein von Liebe und die Intelligenz von Licht.

Wahrlich: Wir sind eins!

Wir lieben dich unendlich, Mensch!

DIE GROSSE BAUMSEELE

„Dem Bösen wohnt das Gute inne und das Gute ist, dass mit jeder weiteren Dosis von Unrecht das innere Verlangen nach Gerechtigkeit und Wahrheit bei den Menschen wächst."

MEISTER ST. GERMAIN

KOLLEKTIVES ERWACHEN BEGINNT IN ÖSTERREICH!

MEISTER ST. GERMAIN

DER NÄCHSTE KANZLER
AUFTRÄGE
WO BLEIBT DER ERFOLG?
IMPFPFLICHT IN ÖSTERREICH HEUTE BESCHLOSSEN!
KOLLEKTIVES ERWACHEN BEGINNT IN ÖSTERREICH!

20. JANUAR 2022

DER NÄCHSTE KANZLER:

Heute wird im österreichischen Parlament von vier Parteien die Impfpflicht beschlossen und gestern hatte ich folgenden TRAUM:

Ich bin mit dem neuen Bundeskanzler Karl Nehammer im Bundeskanzleramt. Wir sind sehr vertraut, so, als ob wir uns schon lange kennen würden. Ich mache ihn auf den ganzen Wahnsinn, den seine Politik anrichtet, aufmerksam und gehe dabei die einzelnen Ministerien durch. Nehammer läuft neben mir her wie ein kleines Kind, das staunend meinen Ausführungen folgt und immer wieder einwirft: „Das habe ich ja alles nicht gewusst!" Ich bin total erstaunt darüber und denke mir, wie naiv ist das denn… (TRAUM ENDE)

„Nicht schon wieder, der nächste Kanzler, den ich betreuen muss…" ist mein erster Gedanke nach dem Aufwachen. Denn in letzter Zeit hatte ich immer wieder Träume von der ehemaligen deutschen Kanzlerin Angela Merkel und auch vom mittlerweile zurückgetretenen Regierungschef Österreichs, Sebastian Kurz. Auch in diesen Fällen war ich auf der Traumebene als Coach zugegen – und jetzt also Nehammer.

Endet das nie? Meine Frage: Außer, dass Merkel und Kurz nichts mehr zu sagen haben, waren die Ergebnisse meiner Arbeit eher dürftig – und auch beim nunmehrigen Kanzler Nehammer hatte ich das Gefühl, ins Leere zu laufen oder in die Luft zu sprechen. Warum also ich und was mache ich da eigentlich? Wenn ich dann aufwache, bin ich nämlich immer relativ erschöpft. Es liegt mir also wirklich rein gar nichts daran, Unbelehrbare zu belehren!?

MEISTER ST. GERMAIN: Unbelehrbare zu belehren, ist ein Ding der Unmöglichkeit, Uneinsichtigen neue Gedanken zu ermöglichen, ist jedoch immer von großem Wert und das auch dann, wenn sie sich zunächst dagegen sträuben. Wie dir bereits in der Botschaft „Die Harmonisierer" (siehe Buch VOLLENDUNG)[12] vom 18. 2. 2021 übermittelt wurde, erfüllst du deine Aufträge.

AUFTRÄGE

Teil deiner aktuellen Aufträge auf Erden ist, diesen Spitzenpolitikern auf der Traumebene die Augen zu öffnen und ihnen mit Rat und Tat beizustehen.

Dabei geht es um seelische Vereinbarungen und nicht um die Abneigung, die du aufgrund ihrer Politik zu ihnen fühlst. Ihre Taten sind mit dir nicht in Einklang zu bringen, daher diese Ablehnung. Auf seelischer Ebene bestehen jedoch diese Vereinbarungen und sie werden auch eingehalten.

JJK: Gut, Merkel ist nicht mehr aktiv und auch Kurz hat in Österreich politisch ausgespielt. Aber was hat meine Intervention innerlich für diese Menschen gebracht oder in ihnen bewirkt? Ist es nicht sinnlos?

MEISTER ST. GERMAIN: Mancher Same geht später auf und vieles bleibt zunächst unsichtbar. Menschen, die noch stark in der Dualität verankert sind, brauchen Zeit, um auf neue Gedanken zu kommen. Viele Leben und viele Erfahrungen später ist es dann so weit.

JJK: Und bis dahin heißt es den Steinen zu predigen!?

MEISTER ST. GERMAIN: Du legst den Samen des Lichts in ihre Herzen, der eines Tages aufgehen und Früchte tragen wird. Das ist eine deiner Arbeiten in dieser Inkarnation, denn du bist diesseits und jenseits des Sichtbaren einer der Meister dieser Wesenheiten. Deshalb suchen sie auf der Traumebene die Verbindung zu dir. Es bist nicht du, der sie sucht, sondern es sind sie, die dich finden.

WO BLEIBT DER ERFOLG?

JJK: Ich hatte ja auch schon Träume von vielen weiteren Staatsmännern, die Themen waren ähnlich. Ist das überall der Fall, das ich diese Menschen auf diese Weise coache? Mancher Leser könnte mich jetzt des Größenwahns bezichtigen oder – wenn man sich die Weltenlage ansieht – hell auflachen! Der Erfolg meiner Arbeit ist ja nicht gerade sehr berauschend.

MEISTER ST. GERMAIN: Verändere den Maßstab für Erfolg und du hast die Antwort. Bei dieser Arbeit geht es um lange Zeiträume und weitreichende seelische Zusammenhänge. Nichts ist wie es scheint. Erwarte keine Wunder, doch keine einzige Sitzung ist vergebens.

JJK: Also einfach annehmen und weitermachen?

MEISTER ST. GERMAIN: Es geschieht, dass sich die großen kosmischen Familien in dieser großen Epoche der Menschheit jetzt auf der Erde zusammenfinden und sich gegenseitig unterstützen. Dabei gibt ein jeder

Wissen an den Nächsten weiter. Wachstum ist nur dadurch möglich. Auch wenn es scheint, der Einzelne sei für das Wissen gar nicht empfänglich, so dürsten deren Seelen geradezu danach. Betrachte diese deine Arbeit aus übergeordneter Perspektive und ohne den Faktor Zeit, dann enthüllen sich dir Sinn und Logik.

IMPFPFLICHT IN ÖSTERREICH HEUTE BESCHLOSSEN!

JJK: Heute – gerade jetzt in diesen Stunden, wo wir dieses Gespräch führen – wird im österreichischen Nationalrat die Impfpflicht beschlossen. Das markiert für mich einen weiteren Tiefpunkt der gesellschaftspolitischen Entwicklung in unserem Land. Wird das noch lange so weitergehen?

MEISTER ST. GERMAIN: Dieses Gesetz ist ein weiterer Meilenstein für das beschleunigte Erwachen von immer mehr Menschen!

Dem Bösen wohnt das Gute inne und das Gute ist, dass mit jeder weiteren Dosis von Unrecht das innere Verlangen nach Gerechtigkeit und Wahrheit bei den Menschen wächst.

Nur ein Viertel der Menschen in Österreich begrüßen aus voller Überzeugung diese Impfpflicht, alle anderen Menschen hegen Zweifel oder lehnen diese rundweg ab. Das heißt, hier handeln die Politiker gegen den größten Teil der Bevölkerung und ohne, dass sie sich der Konsequenzen bewusst wären.

Jeder Einzelne, der heute dafür gestimmt hat, wird dies eines Tages bitter bereuen. Denn obwohl dieses Gesetz das Aufwachen der Menschen beschleunigt, wird niemand, der es mitbeschlossen hat, aus der Verantwortung entlassen. Das Aufwachen und das Erwecken von Menschen können auf viele Weisen stattfinden – und nicht immer muss ein derartiger Kampf geführt werden.

KOLLEKTIVES ERWACHEN BEGINNT IN ÖSTERREICH!

JJK: Welche Art von Kampf?

MEISTER ST. GERMAIN: Der Kampf, den ihr bereits aufgenommen habt, um eure Freiheit zurückzugewinnen – innen wie außen.

Menschen, die innerlich frei sind, lassen sich von nichts und niemandem einsperren, degradieren oder unterdrücken.

Die Freiheit, die sich viele von euch in den vergangenen Jahren innerlich erarbeitet haben, steht im Widerspruch zu den Beschränkungen im außen. Dieser Zustand ist nicht lange aufrechtzuerhalten. Das Friedensreich in dir will auch außerhalb von dir gelebt werden. Genau dahin bewegt sich alles, dahin fließt die kollektive Energie der Menschen.

Freiheit aufgrund von Wahrhaftigkeit – das ist der Weg, den ihr eingeschlagen habt und den aufgrund der heutigen Entscheidungen im Parlament noch mehr Österreicher einschlagen werden.

Ein kollektiver Energieschub geht durch das Land und breitet sich über Europa und den ganzen Globus aus. Das kollektive Erwachen der Menschheit beginnt in Österreich und es beginnt JETZT.

Dieser Prozess ist unumkehrbar und dieser Pfad wird jetzt mit noch mehr Energie, Spirit und Liebe angereichert. Denn nur wer liebt, hat die Sehnsucht nach der Wahrheit.

JJK: Welche Rolle nimmt hier Deutschland ein?

MEISTER ST. GERMAIN: Die Energie springt vom kleinen Land auf das größere über, sehr bald schon werdet ihr große Erfolge feiern – GEMEINSAM. Ihr werdet das Ziel der Befreiung gemeinsam erreichen.

JJK: Das heißt, den Kampf im außen aufzunehmen?

MEISTER ST. GERMAIN: DEINEN Kampf aufzunehmen, das heißt, genau zu sehen, was deine Aufträge sind. Es geht immer nur darum, dass DU richtig bist, dass DU mit DEINEN ureigenen Aufgaben vertraut wirst. Dann weißt du, wann du wo zu sein hast.

Stürze dich niemals blindlings in einen Kampf – es muss DEINE Angelegenheit sein, dann bist du richtig. Dabei gibt es viele Arten des Kampfes und auch hierbei untersuche genau, was für DICH Sache ist – und handle danach.

Folge niemandem außer deinem Selbst! Höre auf den Ruf deines Herzens und lausche dem Flüstern deiner Seele!

Bis du Gewissheit hast, stehe ich dir bei - mit der gold-violetten Flamme der Transformation.

Ich bin
MEISTER ST. GERMAIN

„Erschafft durch ein gemeinsames Ritual, das weltweit jeden Tag um 18 Uhr Ortszeit durchgeführt wird, ein gemeinsames Energiefeld des Lichts. Freiheit für euch selbst und Frieden für die ganze Menschheit – das soll dieses Licht symbolisieren und für euch manifestieren."

MEISTER ST. GERMAIN

18 UHR LICHT FLAMME FÜR FRIEDEN & FREIHEIT

MEISTER ST. GERMAIN

GOTT UND DU
AFFIRMATION
ERSCHAFFT EIN ENERGIEFELD DES LICHTS!

14. FEBRUAR 2022

GOTT UND DU

Gott ist in der Welt und in den Herzen aller Menschen! Gott eilt dir zu Hilfe, ist dir nahe und atmet durch dich! DU und GOTT sind EINS! Werde dir bewusst, welches spirituelle Kraftwerk du bist!

Hier und heute erinnere ich dich an deine Macht. Ich führe dich aus dem Tal auf die Anhöhe und aus dem Schatten in das Licht!

Kraft deiner Liebe wird sich die Erde verwandeln und Macht deines Lichts wird die neue Menschheit geboren. Was du derzeit erlebst, sind die Geburtswehen, ist der Schmerz vor dem Wunder, das dich nach getaner Arbeit erwartet.

Einer Arbeit, die darin besteht, dass du dich immer tiefer mit Gott verbindest, dass du dich SEINER allgegenwärtigen Führung vollkommen hingibst und dich SEINEM Wirken in deinem Leben bedingungslos anvertraust.

Vor allem in schwierigen Zeiten gilt es auf die Kraft allen Lebens, auf die Urquelle allein Seins, auf die Mutter aller Mütter, den Vater aller Väter, dem Herzen aller Herzen, dem Licht in allen Lichtern, der Liebe in allem, was ist, bedingungslos zu vertrauen.

So komm, geliebter Mensch, bewege dich, denn im Folgenden bringen wir Bewegung in die Angelegenheiten, die das Leben derzeit dominieren und die manchem schwer auf der Seele lasten.

Nicht mehr lange und die Zeit, in der alles wieder leicht, schön, erhaben und lichtvoll wird, kann anbrechen. Noch geht ihr durch einen Tunnel und noch scheint das Licht am Ende dieses Tunnels in weiter Ferne. Jedoch das ist ein Irrtum, denn ***mit jeder lichtvollen Tat und mit jedem Gedanken aus Liebe wird die NEUE Erde erschaffen und der NEUE Mensch geboren.***

Du bist Geist – von Anbeginn an purer Geist Gottes. Du bist reines Leben – unbegrenzt und frei! Nichts und niemand kann die Göttlichkeit in dir einschränken. Werde dir bewusst, wessen Kind du bist und welche Macht dir innewohnt.

Bewegen wir uns jetzt aus dem Tunnel hinaus und erschaffen wir mit großer Geschwindigkeit eine neue Wirklichkeit auf dieser Erde.

Dafür ist es erforderlich, dass ihr euch im Geiste durch das Licht verbindet.

ERSCHAFFT EIN ENERGIEFELD DES LICHTS!

Entzündet Kerzen oder Fackeln, kreiert Feuerstellen und verbindet euch. Ihr seid eins im Wunsch nach Frieden und eins im Verlangen nach Freiheit.

Erschafft durch ein gemeinsames Ritual, das weltweit jeden Tag um 18 Uhr Ortszeit durchgeführt wird, ein gemeinsames Energiefeld des Lichts. Eure Absichten werden sich auf diese Weise manifestieren, denn der Macht von erwachten Menschen kann sich keine Macht entziehen.

Willst du, dass dein freier Wille und dein Wunsch nach Frieden und Freiheit anerkannt werden, dann mach dich sichtbar, werde hörbar und tritt in Aktion.

Dieses Signal muss laut kosmischem Gesetz von allen himmlischen und irdischen Mächten respektiert werden. Willst du Freiheit, dann sei es, willst du Frieden, dann verwirkliche ihn, willst du Selbstbestimmung, dann lebe selbstbestimmt.

Freiheit für euch selbst und Frieden für die ganze Menschheit – das soll dieses Licht symbolisieren und für euch manifestieren.

AFFIRMATION:

Gehe wie folgt vor:

1. Entzünde jeden Tag um 18 Uhr Ortszeit – gleich, wo auf der Welt du dich befindest – ein Licht.
2. Entzünde es mit den Worten:
   Ich bin das Licht, ich bin die Liebe, ich bin das Leben. Für Frieden, Freiheit und Vergebung entzünde ich dieses Licht. Gott ist mein Schild und die Wahrheit ist mein Schwert.

Danach kannst du gerne auch eigene Worte hinzufügen. Lass dich von deiner Seele inspirieren …

Gleich, wo du bist, gleich, mit wem du bist, gleich, welche Umstände gerade herrschen: Führe immer eine Kerze – es kann auch ein einfaches Teelicht sein – mit dir und entzünde diese täglich um 18 Uhr! Kannst du das Licht nicht über einen längeren Zeitraum brennen lassen, da du den Ort wechselst, dann lösche die Flamme, bis sich wieder die Gelegenheit ergibt, sie anzuzünden.

DIE GEMEINSAME AKTION UM 18 UHR!

Du kannst dieses Licht sichtbar ins Fenster stellen oder unsichtbar für Zweite oder Dritte brennen lassen. Folge deinen inneren Eingebungen, denn wenn du Teil dieses Lichtermeeres sein willst, wirst du dich an jedem Tag um 18 Uhr am richtigen Ort befinden.

Wichtig ist die gemeinsame Aktion um 18 Uhr! [13]

Es werde LICHT und es ist LICHT – und GOTT ist mit dir!

Denke daran, dass du niemals allein bist. Es gibt immer mehr Menschen, die Frieden, Freiheit und Freude leben und erfahren wollen – diese Welt, so wie sie sich jetzt darstellt, ist für immer mehr Menschen ein Auslaufmodell.

Mit dieser Aktion beginnt das wahre Lichtermeer auf Erden, denn du bist LICHT, der Nächste ist LICHT und ein jeder Mensch, der auf dieser Welt atmet, ist reines LICHT und pure LIEBE.

Die Erinnerung kehrt zurück und nur ein Leben in Aktion führt dich zum Erwachen.

Schafft gemeinsam dieses Lichtermeer, indem ihr euch täglich daran erinnert, wer ihr seid, was ihr wollt und wodurch ihr Hilfe und Schutz erhalten könnt.

Du hast die Macht, Gott ist mit dir!
Ihr habt die Macht, Gott ist mit euch!

Ihr seid viele und ihr werdet jetzt zum LICHTERMEER!

In unendlicher Liebe

MEISTER ST. GERMAIN

„Das Droh-Szenario eines
Atomkriegs schwebt seit
Jahrzehnten über der Welt.
Dennoch kam es niemals so weit.
Dies geschah, da sich die lichten
Mächte immer wieder eingemischt
und sehr viele Versuche in diese
Richtung zunichtegemacht haben.
Der rote Knopf wurde schon
aktiviert, die Folgen wurden jedoch
immer von den Mächten
des Lichts neutralisiert!"

MEISTER USUI

ÖFFNE DICH FÜR GOTT, DENN WUNDER WIRD ES VIELE GEBEN!

MEISTER USUI

UKRAINE UND RUSSLAND
ÜBERSCHATTETE MENSCHEN
WIRD ES ZU EINEM ATOMKRIEG KOMMEN?
DER GÖTTLICHE PLAN
GOTT IST DA!

1. MÄRZ 2022

UKRAINE UND RUSSLAND

JJK: Jetzt verlagert die Geopolitik ihr Interesse in die Ukraine und hin nach Russland. Corona scheint nicht mehr zu funktionieren, ist ausgereizt, hat ausgedient – und schon wird die nächste Angst-Maschine angeworfen. Russland ist das neue Böse und Putin der Bösewicht. Die ganze politische Elite scheint (Ausnahmen bestätigen die Regel!) außer Rand und Band. Dabei ist es offensichtlich, dass seit dem Maidan-Putsch 2014 in der Ukraine unglaubliche Zustände herrschten und dass die russische Minderheit brutal unterdrückt wurde. Die Muttersprache wurde aus dem öffentlichen Leben verbannt und verboten – und Russen waren Menschen zweiter Klasse. Im Donbass, der 30 Kilometer breiten Pufferzone, terrorisiert die ukrainische Armee die Menschen und Zivilisten und sie sind dem täglichen Beschuss durch ukrainische Scharfschützen ausgesetzt.

Seit 8 Jahren herrscht im Osten der Ukraine also Krieg, doch niemand hat sich darüber empört oder davon berichtet! Dabei wurden sogar Schulen von ukrainischen Einheiten beschossen und viele Menschen, darunter auch Kinder, kamen ums Leben.

Selbst die Tatsache, dass in Kiew Kräfte, die den Nationalsozialismus verehren und offen deren Symbole tragen, Machtpositionen innehaben, geht in den westlichen Medien einfach unter.

Alina Lipp, aus Deutschland ausgewandert, lebt jetzt in Donezk. Sie berichtet täglich vom Krieg und begibt sich dafür unter Lebensgefahr an die Schauplätze. Auf ihrem Telegram-Kanal „Neues aus Russland" lese ich heute: *„Seit dem gewaltsamen Putsch 2013/2014 in Kiew wurden über 20.000 Menschen ermordet. Fast 2 Millionen Menschen sind seit März 2014 aus der Ukraine geflüchtet, davon 1,3 Millionen nach Russland, über 300.000 nach Polen und ca. 120.000 nach Deutschland."* Alina stellt auch ein Video ein, dass zeigt, wie die Ukrainische Armee 2014 ein Kinderheim unter Beschuss nahm. [14]

Dass Putin in Anbetracht dessen von einer „Befreiungskation" und von der „Entnazifizierung" spricht, ist logisch und macht durchaus Sinn. Doch wen kümmert das, wenn Russland dem „Great Reset" oder der „Agenda 2030" im Wege steht.

In meiner Frage möchte ich jedoch weniger auf die politischen Hintergründe eingehen, sondern die

Gesichter beleuchten, die das veranstalten und sich für diese Lügenpropaganda hergeben. Denn wenn ich mir die handelnden Politiker anschaue, so habe ich bei fast allen das Gefühl, sie seien fremdbesetzt – von Dämonen oder von dunklen Entitäten übernommen. Fast niemand ist mehr er oder sie selbst – wie Sprechpuppen oder Robotermenschen! Sie strahlen keine Warmherzigkeit mehr aus, ihnen ist das Mitgefühl abhandengekommen und sie haben jede Eigenständigkeit im Denken, Fühlen und Handeln eingebüßt.

Wovon sind diese Menschen überschattet, denn „Menschliches" vermag ich kaum zu finden?

MEISTER USUI: Ich bin bei dir und ich bin bei euch, geliebte Menschen, die ihr jetzt mitten im großen Wandel seid und oft keine Antworten mehr auf eure Fragen findet.

ÜBERSCHATTETE MENSCHEN

Es ist, wie du vermutest: Viele eurer Politiker sind von fremden und dunklen Wesenheiten besetzt, gesteuert und übernommen.

Aus deren Augen blickt euch die Kälte dieser Wesenheiten entgegen. Das ist es, was du wahrnimmst. Deren Handschrift sind Betrug und Lüge und deren Handlungen machen das deutlich.

JJK: Da haben wir dann ja gar keine Chance!

MEISTER USUI: Ganz im Gegenteil, das ist eure Chance, eure Chance zum Aufwachen!

Denn das Gute ist, dass dadurch immer mehr Menschen ahnen, dass bei euren Politikern, den Medienvertretern und vielen Verantwortlichen etwas nicht stimmt.

Menschen, die auf Dauer nur Schaden verursachen, die Lieblosigkeit ausstrahlen und sich offensiv gegen die Freiheit und das Leben an sich stellen, werden eines Tages als das erkannt, was sie wirklich sind.

Fällt dir auf, dass die Wesenheiten, die die neue Weltordnung der totalen Sklaverei forcieren, ihre Deckung vollständig aufgegeben haben? Dies hat einen einzigen Grund: Die Zeit für die Umsetzung ihrer Pläne wird knapp, da immer mehr Menschen aufwachen!

Aus dieser Not heraus gehen diese Kräfte jetzt in die Offensive und sie setzen den dritten Schritt vor dem zweiten, den vierten vor dem dritten und so fort. Das bleibt nicht unbemerkt und so ist das die Gelegenheit zum Aufwachen für viele Nachzügler – Nachzügler, die für das Erreichen der kritischen Masse notwendig sind und gebraucht werden!

JJK: „Digitale Identität“ heißt, REISEN nur noch mit ZERTIFIKAT, CO_2-Täuschung, sprich, Social-Credit-System „Marke China“ und eine unglaubliche Negativpropaganda gegenüber Russland und Putin bestimmen die Nachrichten in diesen Tagen.

„Die Wahrheit ist das erste Opfer des Krieges“, wird gesagt. In diesem Fall ist die Wahrheit wohl schon lange davor gestorben.

WIRD ES ZU EINEM ATOMKRIEG KOMMEN?

Meine Frage: Viele Menschen, das sehe ich in den sozialen Medien, entwickeln jetzt Ängste, was diese Freiheitsbeschränkungen und vor allem auch was einen Atomkrieg betrifft. Wird es so weit kommen?

MEISTER USUI: Alles wird jetzt in die Schlacht geworfen, denn es ist die finale Schlacht. Die von dunklen Wesenheiten überschatteten Politiker haben jede Verbindung zu ihrem Herzen verloren und begeben sich auf einen Pfad ohne Wiederkehr. Einige jedoch wollen und können von ihren Besetzungen befreit werden. Dies geschieht dann, wenn ein Mensch im Herzen noch zugänglich ist oder durch das direkte Eingreifen Gottes. Manchmal werdet ihr bei dem einen oder anderen Politiker also eine plötzliche Verwandlung beobachten können.

Sehr viele der Verantwortlichen habe Verträge mit den Unlebendigen geschlossen und ihre Seele verkauft! Diese werden an diesem Aufstieg nicht teilhaben und in einen neuen Zyklus eingespeist.

Das Droh-Szenario eines Atomkriegs schwebt seit Jahrzehnten über der Welt. Dennoch kam es niemals so weit. Dies geschah, da sich die lichten Mächte immer wieder eingemischt und sehr viele Versuche in diese Richtung zunichtegemacht haben. Der ROTE KNOPF wurde schon aktiviert, die Folgen wurden jedoch immer von den Mächten des Lichts neutralisiert!

DER GÖTTLICHE PLAN

Der Aufstieg dieser Menschheit folgt dem göttlichen Plan und diesen Plan kann nichts und niemand durchkreuzen!

Das bedeutet, den lichten Mächten ist es erlaubt, in bestimmte Szenarien einzugreifen, denn die Auslöschung dieses Planeten ist nicht Teil des göttlichen Plans.

Diese Menschheit hat eine Ebene von Energie und Bewusstheit erreicht, sodass wir jetzt direkt Kurs Richtung Licht nehmen können. Alles, was sich jetzt zeigt, sind die letzten Gefechte - die jedoch sehr intensiv und rücksichtslos geführt werden. Bedenkt bitte: Für die dunklen Entitäten geht es um das Überleben auf dieser Erde - es geht um alles!

Seit Krishna ist es die größte Auseinandersetzung zwischen LICHTEN und DUNKLEN Mächten - im HIMMEL wie auf ERDEN! Damals wurden die dunklen Herrscher der Erde vernichtend geschlagen, heute werden sie von der Erde entfernt. Das macht den Unterschied.

Was die digitale Identität und die Verwandlung des Menschen in eine künstliche Intelligenz betrifft, so wird das genauso scheitern wie alle anderen Projekte dieser Agenda. Auf der Welt, die ihr erschaffen sollt, sind die Freiheit des Einzelnen und der Frieden unter allen Menschen zentraler Bestandteil des Zusammenlebens. Die Zeit, in der sich die Zeitlinien trennen, ist nahe.

JJK: Ich habe das Bild, dass ich, wenn ich eine Botschaft empfange, „überlichtet" bin. Ich fühle die lichtvolle und liebende Energie des Seins und stehe vollkommen unter dem Schutz Gottes. Genau umgekehrt muss es ja jenen ergehen, die „überschattet" werden, also von dunklen Wesenheiten beeinflusst oder übernommen sind, sie müssen sich ja unglaublich verschmutzt, elendig und belastet fühlen – irgendwie ausgeliefert!

MEISTER USUI: Eine Verschmutzung, die sie nicht mehr wahrnehmen und ein Ausgeliefertsein, an das sie sich gewöhnt haben. Wäre diese für sie noch fühlbar, würden sie es kaum ertragen und daran etwas ändern. Das kann so weit gehen, dass ab einem bestimmten Moment die dunkle Entität vollständig das Bewusstsein des Menschen übernimmt und der

Mensch stellt nur noch den Körper für diese fremde Wesenheit zur Verfügung. Er wirkt dann wie ein Automat, der den Eingaben – Befehlen – folgt.

Deshalb sind diese Willkür und alles, was ihr jetzt sehen könnt, möglich. Menschen könnten sich niemals derart unmenschlich verhalten – niemals!

Behaltet jedoch bitte immer das Gute im Auge. Jetzt breitet sich eine mächtige „Erweckungswelle" über die ganze Erde aus. So viele Menschen wie jetzt sind noch niemals zuvor erwacht – und noch niemals in einer so kurzen Zeit.

JJK: Von welcher Art „Erwachen" ist hier die Rede?

MEISTER USUI: Sie wissen, dass hier etwas nicht stimmt und sich ganz zu ihrem Nachteil entwickelt. Das ist die erste Stufe des Hinterfragens – alles Weitere folgt.

Die spirituelle Ebene folgt später, jedoch im ersten Schritt geht es immer darum, die Matrix zu hinterfragen – und das geschieht heute in einem bisher unerreichten Ausmaß.

GOTT IST DA!

JJK: Werden sich die innerirdischen und die außerirdischen Mächte bald offen zu erkennen geben?

MEISTER USUI: Wir sind mitten unter euch und für immer mehr Menschen sind wir auch sichtbar. Ja, wir führen rege Gespräche darüber, wann es so weit sein kann und soll. Hier gibt es unterschiedliche Positionen. Die Tendenz geht jedoch dahin, dass immer mehr Völker des Lichts, innerirdisch wie außerirdisch, bereit sind, offen aufzutreten. Das ist der Tag, der euch angekündigt ist und der mit dem großen Ereignis, an dem sich alles in einer einzigen „Schicksalsstunde" wandelt, zusammenfällt.

Bleibe bitte immer im Vertrauen, im Vertrauen auf Gott. Beziehe Gott in dein Leben direkt ein! Gott ist da, ist bei dir, ist mitten in deinem Leben.

Du brauchst keinen Vermittler mehr! Nein! Diese Zeit ist vorbei. Wende dich mit allen Fragen, den großen und kleinen Problemen des Alltags, direkt an Gott!

Auf diese Weise festigst du das Band zwischen dir und dem unbewegten Beweger allen Lebens.

Öffne dein Bewusstsein und dein Herz für Gott, denn du lebst in der Zeit, in der durch die allgegenwärtige Führung Gottes Wunder wahr werden.

In vollkommener Liebe

MEISTER USUI

„Begib dich jetzt
unter den Schutz Gottes!
Dort ist in dieser Zeit dein Platz,
es ist der sicherste Ort
auf dieser Welt."

MEISTER USUI

VEREINIGUNG DER GEGENSÄTZE

MEISTER USUI

666
TAGE DES LICHTS

3. MÄRZ 2022

666

JJK: Spannend! Gerade als ich das Datum tippe, kommt mir die 666 in den Sinn! In den letzten Tagen erhielt ich immer Hinweise darauf – mal bei der Uhrzeit, dann war es eine Seitenzahl und zuletzt die Anmeldungen auf Telegram, die bei 6066 Besuchern wie „eingefroren" schien. Natürlich kann ich das heutige Datum auch anders betrachten, aber die 6 schimmert schon überall durch. Für mich ist ja die Zahl 6 eine sehr positive und sie bedeutet: die vollkommene Überwindung von Gegensätzen. Werde ich darauf hingewiesen oder ist es der diabolische Aspekt?

MEISTER USUI: Gegensätze bestimmen das Leben dieser Menschheit und aus dieser Spirale gilt es jetzt auszusteigen!

Mitten in den großen Umbrüchen und Auseinandersetzungen keimt der Same, der vor 2000 Jahren in die Herzen der Menschen gelegt wurde: Liebe, Freude, Leben – Meister JESUS war mitten unter euch und begleitet euch bis heute. Mit Meister JESUS werdet ihr das Ziel der Einheit aller Menschen erreichen!

Ja, es geht um das vollständige Vereinigen von Gegensätzen, denn das Fremde soll dir genauso vertraut werden wie du selbst. Darauf läuft alles hinaus.

Deshalb wird jetzt mit einer unglaublichen Intensität alles aufgezeigt, was euch Menschen voneinander trennt. Wer jetzt noch am Trennenden festhält, wird fallen und wird diese Erde verlassen müssen. Es gibt keine andere Option mehr als die: Einheit zwischen den Menschengeschlechtern zu erschaffen, damit Frieden herrscht und das Zeitalter des Lichts beginnen kann.

TAGE DES LICHTS

So seid guten Mutes, seid frohen Herzens und lasst euch von den Ereignissen und Nachrichten dieser Tage nicht in die Hoffnungslosigkeit sinken:

- Das Unrecht wird ausgelöscht und es wird in diesen Tagen ausgelöscht.

- Die Wahrheit kommt ans Licht und sie kommt in diesen Tagen ans Licht.

- Das Samenkorn der Liebe geht auf und es geht in diesen Tagen auf!

Begib dich jetzt unter den Schutz Gottes! Dort ist in dieser Zeit dein Platz, es ist der sicherste Ort auf dieser Welt.

Die AUFGESTIEGENEN MEISTER sind mit der Menschheit und ich bin mit dir.

In unendlicher Liebe

MEISTER USUI

„Lass dich durch nichts
und von niemandem
in ein Drama hineinziehen!"

MEISTER USUI

IN DEN KLEINSTEN DINGEN GOTT ERFAHREN!

MEISTER USUI

„GROSSE KLEINIGKEITEN"
LICHT ODER FINSTERNIS?
NÄHRE LICHTVOLLE VISIONEN!
DER KRISTALLWÜRFEL DES AUFSTIEGS
VERLIEBT IN GOTT

6. MÄRZ 2022

„GROSSE KLEINIGKEITEN“

MEISTER USUI: Gott unterstützt dich in den kleinen alltäglichen Dingen – auch diese Verrichtungen sollst du Gott weihen und der Segen Gottes ist dir gewiss.

JJK: Ja, speziell in den letzten Tagen fällt mir auf, dass, selbst wenn ich um wirkliche Kleinigkeiten bitte, sich diese erfüllen – und manchmal bitte ich gar nicht, sondern die Dinge entwickeln sich „von selbst“ zu meinem Besten. So wie zuletzt, als zwei Fußpflegerinnen ihren Termin mit mir absagten. Ich habe nämlich einen eingewachsenen Nagel und dieser muss regelmäßig betreut werden. Diesmal aber schien dies nicht notwendig und ein Herumschneiden wäre eher kontraproduktiv gewesen. So fanden diese Termine nicht statt und der Nagel konnte in Ruhe so wachsen, wie es für mich am angenehmsten war. Es ist eine Kleinigkeit, aber wenn Sie, geschätzter Leser, wüssten, wie lange mich dies schon beschäftigt, und dass ich einmal kurz vor einer Sepsis stand, dann ist das für mich zumindest eine „große Kleinigkeit“! Wichtig erscheint mir die konstante Anbindung an die Quelle und die ständige Kommunikation mit Gott, dann werden auch Wünsche erfüllt, die gar nicht ausgesprochen wurden.

MEISTER USUI: Zum Gebet zu werden, das Gebet zu sein, bis das Leben eine andauernde Meditation ist. Darum geht es bei der spirituellen Entwicklung, dass du alles mit Gott verrichtest, bis du schließlich an dem Punkt ankommst, an dem du jeden Gedanken Gott weihst. Eines Tages nimmst du wahr, dass Gott es ist, der in dir denkt, und dass du nur noch das ausführende Medium bist. Dann ist die Verschmelzung vollzogen und vollkommen.

Geliebter Mensch, wir befinden uns im großen Wandel und wenn es heißt, „kein Stein bleibt auf dem anderen", dann ist genau das damit gemeint. Immer größere Verwerfungen werden jetzt sichtbar und du wirst vor immer größere Herausforderungen gestellt.

LICHT ODER FINSTERNIS?

Jetzt entscheidet sich, zu welcher Zeitlinie du tendierst, wohin es dich zieht – in das Licht oder zur Finsternis? Diese Frage gilt es zunächst völlig wertfrei zu betrachten, denn viele Menschen wollen den Ort von Dramen, von Schicksalen, von Geburt und Wiedergeburt noch nicht verlassen!

Das erklärt dir auch, warum sich so viele Menschen spalten lassen, warum sie auf die dunklen Magier und Manipulatoren erneut hereinfallen und warum sie die Konflikte mit Gewalt anstatt mit Weisheit und Vernunft lösen wollen – weder können sie noch wollen sie anders.

Sie brauchen das Abenteuer, damit sie sich selbst erfahren können – und sie ziehen immer wieder Menschen mit sich. Das ist der Punkt, um den es in dieser Botschaft geht:

Lass dich durch nichts und von niemandem in ein Drama hineinziehen!

NÄHRE LICHTVOLLE VISIONEN

Im praktischen Leben bedeutet dies: Tauche niemals zu tief in das aktuelle Zeitgeschehen ein, sondern lenke den Großteil deiner Energie und Aufmerksamkeit auf positive Entwicklungen.

Nähre deine inneren Vorstellungen und Visionen von einer lichtvollen Zukunft und du wirst diese Zukunft ganz bestimmt mit erschaffen.

Wichtig ist folgender Zugang: Blicke auf das, was ist, hin, aber beschäftige dich mental sowie emotional nur so lange damit, wie es unbedingt erforderlich ist. Merkst du, dass du von dunklen Energien umgeben oder überschattet bist, dann gehe in eine Meditation. Richte dich innerlich aus und bringe dich wieder in deine eigene Kraft!

Jetzt ist die Zeit, in der dir überall die lichtvolle Energie abgesaugt werden kann. Allein die Nachrichten, die im Minutentakt auf dein Energiesystem herniederprasseln, haben die Kraft, in dir Ängste zu schüren, Ängste, die dich dann den ganzen Tag über begleiten und die deine Gedanken und Gefühle steuern. Sie werden hochgeladen und du bist ihnen hilflos ausgeliefert. Dies kannst du nur durch aktive Bewusstseinsarbeit abstellen!

DER KRISTALLWÜRFEL DES AUFSTIEGS

JJK: Ich verwende dafür immer den „Kristallwürfel des Aufstiegs aus dem Erbe von Atlantis“[15]. Sobald ich würfle und die AUFGESTIEGENEN MEISTER oder die ERZENGEL in meinem Zimmer sind, breitet sich ein unglaublicher Frieden aus.

Eine halbe Stunde später sind alle Wolken verflogen und ich bin wie neugeboren – immer! Es ist für mich DAS Instrument der Transformation und ich kann es jedem Menschen nur sehr ans Herz legen.

MEISTER USUI: Dieses Werkzeug ist mächtig und eine Gabe von großer göttlicher Gnade. Wer nicht darüber verfügt, wer damit nicht arbeiten möchte oder kann, kann sich DIREKT mit den Ebenen des Lichts und mit Gott verbinden.

VERLIEBT IN GOTT

Der Schleier zwischen Himmel und Erde wird immer transparenter und so ist die direkte Versorgung des Menschen mit der Energie von Liebe allgegenwärtig.

Wichtig ist, sich ständig mit Gott und den Mächten des Lichts auszutauschen und innerlich verbunden zu sein. Wie mit einer Geliebten oder wie mit einem Geliebten, den die Verliebten nicht aus dem Kopf bekommen, so sollst du Gott immer im Herzen tragen. Um diese Verschmelzung geht es heute. Gelingt dir das, dann bist du angebunden und du erlebst die Abenteuer dieser Zeit auf eine ganz andere Weise als die Menschen, die auf sich allein gestellt wie Irrlichter aus diesem Labyrinth einen Ausweg suchen:

- Es ist eine gute Gewohnheit, selbst in den kleinsten Dingen des Alltags auf GOTT zu vertrauen und SEINE Präsenz auf Schritt und Tritt zu spüren.

- Es ist eine gute Gewohnheit, den größten Teil deiner Energie auf eine lichtvolle Zukunft und auf die in Frieden und Freiheit geeinte Menschheit zu richten - und auf diese Weise dementsprechende Resultate zu manifestieren.

Allein diese innere Haltung wird die Welt des Mangels untergehen und die Welt des Lichts entstehen lassen.

In vollkommener Liebe bin ich bei dir.

MEISTER USUI

„Ohne Vorwürfe und Selbstzerfleischungen sollst du den Pfad der Wahrhaftigkeit verinnerlichen und dir dabei immer bewusst sein: Du bist ein Mensch – und als Mensch hast du Bedürfnisse, die einem Engel fremd sind."

SAI BABA

DAS GUTE AN SCHLECHTEN GEWOHNHEITEN

SAI BABA

ERPROBTE SEELEN
BEGRENZUNG ALS MENSCHLICHE PRÄGUNG
EIN GLAS WEIN ...
KARMA UND GNADE

14. MÄRZ 2022

ERPROBTE SEELEN

JJK: Bei mir ist es derzeit ein Auf und Ab. Überwiegend bin ich in meiner Mitte und positiv. Aber manchmal hege ich Zweifel, ob sich das alles noch ausgeht, ob wir es schaffen und ob wir diesmal ohne Dramen aus der derzeitigen Misere herauskommen. Dann meditiere ich oder ich nehme ein Buch zur Hand – so wie jetzt – und ich lese: *„Solange deine Worte und Taten mit Wahrheit und Rechtschaffenheit übereinstimmen, solange deine Worte und Taten durch bedingungslose Liebe sanft gemacht und von Frieden erleuchtet werden, brauchst du dich nicht zu sorgen, du hast Gnade in Hülle und Fülle."* (Jesus und Sai Baba)[16]

SAI BABA: Darum geht es bei allen Bestrebungen und bei jeder Anstrengung: durch Wahrhaftigkeit, Rechtschaffenheit, Liebe und Frieden, die Gnade Gottes in das eigene Leben zu bringen. Das ist der Königsweg, denn es ist der direkte Weg mit Gott.

Viele Menschen sorgen sich in diesen Tagen. Große Umbrüche wurden ausgelöst, doch das Meiste ist noch unsichtbar. Das erzeugt Unsicherheit und belastende Gedanken.

Ihr müsst wissen, ihr habt schon viele Umbrüche, viele Zeiten, in denen sich alles umstellte, durchgemacht.

Ihr seid erprobte Seelen, die aus einem einzigen Grund in dieser Gnadenzeit inkarniert sind – dabei zu sein, wenn Gott SEIN Gnadenreich auf Erden errichtet.

Was in dir, Jahn, und in vielen Menschen den Zweifel hochkommen lässt, sind die vielen negativen Erfahrungen, die ihr in mancher Zeit durchgemacht habt: Lemurien und Atlantis sind zwei Beispiele, die sich tief in eure spirituelle Erinnerung eingeschrieben haben.

Deshalb erscheinen Bilder vor eurem inneren Auge, die an den Untergang und an die Zerstörung erinnern. Dies lässt euch zweifeln und unsicher werden.

BEGRENZUNG ALS MENSCHLICHE PRÄGUNG

Das ist auch bei jenen Menschen der Fall, die ihre eigenen Dramen bereits weitgehend erlöst haben.

Hier geht es nicht um das Erlösen der alten eigenen Geschichte, die diese Unsicherheit hervorbringt, sondern um eine zutiefst menschliche Prägung: BEGRENZUNG.

Euer Bewusstsein ist, weil ihr als Menschen geboren seid, begrenzt. Nur dadurch könnt ihr Erfahrungen machen, die nicht an eure Göttlichkeit erinnern.

Obwohl sich jetzt der Schleier hebt und ihr euer inneres Wissen immer mehr abrufen könnt, bleiben Zweifel bis zuletzt bestehen. Bist du erleuchtet, hast du in jeder Zelle die lebendige Flamme der Liebe zu ALLEM-WAS-IST zum Leben erweckt, dann stellen sich diese Fragen nicht mehr, dann bist du in jeder Hinsicht frei.

EIN GLAS WEIN …

Jedoch bis es so weit ist, besteht ein Rest von niedrigen Emotionen und Gedanken, von ungünstigen Gewohnheiten oder auch von Eigenschaften, die du längst ablegen wolltest. Es ist das Maß an Bindung, die zu dieser Erde bestehen bleiben soll, damit du hierbleibst, damit du deine Aufgaben erfüllen und damit du nicht vor der Zeit in lichte Höhen entschwebst.

JJK: Das erinnert mich an eine Geschichte eines Meisters, der die Gewohnheit hatte, Alkohol zu trinken und oft sehr fette tierische Nahrung zu sich nahm. Ein Schüler fragte nach dem WARUM, schließlich stünde das ganz im Gegensatz zu seiner Lehre. Der Meister entgegnete: „Damit ich auf der Erde bleibe!"

SAI BABA: Dies ist eine Tatsache, die jetzt auf so manchen Lichtkrieger der ersten Stunde anzuwenden ist. Eine gute Erdung wird durch die Verbindung zur Erde und zum Irdischen erreicht. Manchmal gilt es sogar schlechte Gewohnheiten zu kreieren, damit man die Bodenhaftung nicht verliert.

JJK: Ich habe in meinem Leben oft Menschen kennengelernt, die eine Diät machten, auf Alkohol, Zigaretten oder Fleisch ganz verzichteten. Viele dieser Menschen wurden selbst ungenießbar und sie entwickelten schlechte Laune oder eine große Reizbarkeit. Damit meine ich nicht die Entzugserscheinungen in der ersten Phase, sondern das durchschnittliche Lebensgefühl nachdem die Umstellungen vollzogen waren.

Schlechte Laune und dergleichen hielten sich über Wochen und Monate oft bis zu dem Tag, an dem jemand mit einer alten „schlechten Gewohnheit" wieder anfing. Auch Rohkost-Ernährung kann sich, zumindest was mich betraf, ungünstig auf die Stimmung auswirken. Als ich vor Jahren einen Selbstversuch machte, war ich drei Monate lang – vor allem für meine Arbeitskollegen – eher ungenießbar. Witzig ist ja, dass man das selbst gar nicht registriert, aber wenn einem das direkt gesagt wird, dann macht man sich schon so seine Gedanken …

SAI BABA: Es ist nicht alles gut, was gut aussieht und es ist nicht alles schlecht, was schlecht aussieht. Hier gilt es immer von Fall zu Fall zu entscheiden und den einzelnen Menschen in den Mittelpunkt zu stellen.

Wenn du eine Sucht ablegst und dafür eine andere kreierst, ist niemandem gedient. Meine Empfehlung ist: Höre genau in dein Inneres, was ist wann an der Reihe und welche „Gewohnheiten" brauchst du womöglich noch, um deine Arbeit auf Erden tun zu können. Für manche ist es ein Stück Schokolade, für andere eine Zigarre und für jemanden womöglich ein Glas Wein.

Gewohnheiten oder Zwänge gilt es in alle Richtungen zu beobachten.

JJK: „Gnade in Hülle und Fülle", das soll nun auch der Titel für die Live-Botschaft der kommenden Lichtlesung am 15.4.2022 sein.[17]

SAI BABA: So ist es!

Die Gnade Gottes ist für jeden Menschen erreichbar und bewirkt, dass sich die Dinge des Lebens durch die Hand Gottes ordnen.

Bist du verzweifelt, entmutigt oder depressiv, verlierst du die Perspektive und findest keine Hoffnung mehr, so werden dir durch die Gnade Gottes nicht nur Wege aufgezeigt, sondern es wird direkt in dein Leben eingegriffen.

KARMA UND GNADE

Hast du die Hälfte deines negativen Karmas erlöst, so wird die andere Hälfte des negativen Karmas durch Gott erlöst. In dieser Gnadenzeit wird dir sehr viel Karma erlassen.

Das ist ein einmaliger Vorgang, der aufgrund des planetaren Aufstiegsprozesses ALLEN Menschen zugutekommt. Dadurch erhält ein JEDER seine Chance zum Aufstieg – bis zuletzt! Das ist die Gnade, die jetzt weltweit wirksam ist.

Dennoch werden heute sehr viel Trauer und Schmerz erfahren. Auch jene Menschen, die ihr eigenes Karma weitgehend erlöst haben, sind mit niedrig schwingenden Energien konfrontiert und werden durcheinandergewirbelt. Feinfühlende, hellhörende oder hellsehende Menschen nehmen das Leid weitaus intensiver wahr, als Menschen, bei denen diese Zugänge noch versiegelt sind.

Fühlst du dich angesprochen, dann nimm diese Zustände der Entmutigung in Frieden an und glaube nicht, es wäre etwas falsch mit dir.

Praktiziere deine spirituellen Übungen und lebe ein authentisches, wahrhaftiges Leben. Dann fließt alles zu dir. Niedrig schwingende Zustände sind eine Zeiterscheinung, sie gehen, wie sie gekommen sind.

Gehe mit dir selbst achtsam und liebevoll um! Hast du Zweifel, zweifle – und wende dich an Gott!

Bist du entmutig, sei es – und wende dich an Gott! Weißt du nicht weiter, halte ein – und wende dich an Gott! Niemals aber sollst du dich selbst dafür anklagen oder verurteilen.

Spirituelle Größe beginnt mit dir und führt erst in der Folge zu Handlungen, die allen Menschen zum Wohle gereichen.

Kritisierst du dich, so kritisierst du auch deine Mitmenschen. Fehler erkenne und berichtige! Scheiterst du, dann versuche es erneut! Wenn du erneut scheiterst, versuche es wieder – so lange, bis es dir glückt.

Ohne Vorwürfe und Selbstzerfleischungen sollst du den Pfad der Wahrhaftigkeit verinnerlichen und dir dabei immer bewusst sein: Du bist ein Mensch – und als Mensch hast du Bedürfnisse, die einem Engel fremd sind.

Beachte das in Liebe! Die Bedürftigen beschenke, besonders dann, wenn du bedürftig bist.

Ich bin bei dir.

In vollkommener Liebe

SAI BABA

„Das Bewusstsein bestimmt deine Umgebung und nicht die Umgebung das Bewusstsein!“

SANANDA

DAS LEBEN KEHRT ZURÜCK AUF DIESE ERDE

SANANDA

LICHT UND SCHATTEN
WIE GROSS IST DER SCHUTZ
VERSCHIEBUNG VON ZEITLINIEN
WIE KÖNNEN WIR INNERLICH STABIL BLEIBEN?
RUSSLAND, CORONA, KRIEG!?

18. MÄRZ 2022

LICHT UND SCHATTEN

JJK: Ein lieber Freund machte mich heute auf einen Artikel in einer österreichischen Tageszeitung aufmerksam. In der Online-Ausgabe wurde über mich und meine Arbeit hergezogen. Zunächst traf mich das. Es ist zwar nicht das erste Mal, dass ich das erlebe, jedoch irgendwie ging es mir heute nahe. Nach der Meditation mit dem Kristallwürfel des Aufstiegs war ich wiederhergestellt. Jetzt bin ich bereit für dieses Gespräch.

SANANDA: Ich umfange dich und alle Menschen, die diesem Gespräch lauschen, mit meiner Liebe.

In der Tat, wo sich das Licht verbreitet, gibt es von jenen, die das Licht meiden, Reaktionen und Widerstand. Wo Licht ist, ist immer auch Schatten, so lange, bis wir im Zeitalter, in dem das Licht keinen Schatten mehr wirft, angekommen sind.

JJK: Zunächst fragte ich mich: „Wie soll ich – oder soll ich überhaupt darauf reagieren?" Jetzt steht meine Entscheidung fest und ich werde das natürlich nicht weiter beachten. Es zur Kenntnis zu nehmen, ist wertvoll, damit ich weiß, welche Energien freigesetzt werden.

Insofern bin ich meinem Freund für diesen Hinweis sehr dankbar. Mich damit weiter auseinanderzusetzen, wäre für mich reine Zeit- und Energieverschwendung.

SANANDA: Gehe immer so vor, wie du es jetzt gewählt hast. Direkte Antworten auf solche Phänomene – oder sich damit länger aufzuhalten – sind nur dann notwendig, wenn es unumgänglich ist. Nimm es zur Kenntnis, löse deinen Zorn im Lichte auf und fahre mit deiner Arbeit am Acker dieser Welt fort! Das ist der Weg.

WIE GROSS IST DER SCHUTZ?

JJK: Immer wenn mir oder meinem Umfeld so etwas widerfährt, dann frage ich mich, wie groß ist eigentlich unser Schutz wirklich?

SANANDA: Ihr seid auf einmalige Weise geschützt und ihr steht direkt in der Obhut Gottes. Was ihr gekommen seid zu erfüllen, das wird geschehen. Die Entscheidungen für euren Weg habt ihr vor Jahren getroffen – und jahrelang wurdet ihr vom Schicksal geleitet und energetisch auf das, was ihr jetzt tut, vorbereitet. Deshalb ist dieser Schutz so mächtig.

JJK: Wer ist damit gemeint?

SANANDA: Ein jeder, der diese klare Entscheidung für sich getroffen hat.

JJK: Vor drei Tagen war ich nach langer, langer Zeit wieder in einem Theater. Das Wiener Orpheum ist eine Institution, die vor allem Kabarettisten eine Bühne bietet. Diesmal sah ich mir Gernot Kulis an, den „Ö3-Callboy". Sehr bekannt ist Kulis auch durch seine Politikerparodien, kultverdächtig sind seine Nehammer-Imitationen (Karl Nehammer ist der aktuelle Bundeskanzler Österreichs) – ich finde sie genial.

Worum es mir aber hier geht, ist meine Wahrnehmung des Raumes und der Menschen in diesem Saal. Ich fühlte mich wie ein Zeitreisender.

Abgesehen von meiner Familie schienen mir die Menschen und das Geschehen um mich herum weit entfernt. Auch die Gespräche der Besucher rund um mich nahm ich wie durch eine Trennwand war – als würde sich alles im Nebenzimmer ereignen, als wäre das alles nicht echt und ich gar nicht hier! Dieses Gefühl hatte ich gleich beim Betreten des Theaters.

Ich fühlte mich wie ein unsichtbarer Beobachter, der in eine andere Welt blickt und in einer anderen Zeit gelandet bzw. gestrandet ist. „Ob jemand bemerkt, dass ich überhaupt nicht hierhergehöre“, fragte ich mich plötzlich?

Dieses Phänomen kenne ich bei mir, jedoch diesmal war das derart massiv, sodass ich am Abend lange brauchte, um wieder die Beine auf den Boden zu bekommen. War ich auf einer anderen Zeitlinie, auf einer anderen Erde gewesen?

VERSCHIEBUNG VON ZEITLINIEN

SANANDA: Was du erlebt hast, war eine Verschiebung von Zeitlinien aufgrund von Schwingungsunterschieden. Du hast erlebt, wie es sich anfühlt auf der Erde, die von vielen Lichtmenschen aufgegeben wird, präsent zu sein. Eine Filmszene aus einer Ebene, an der du innerlich nicht mehr teilhast. Sich aus der Matrix zu bewegen, heißt, das Bewusstsein zu verändern und anzuheben. Jeder Mensch lebt dort, wo er aufgrund seiner Eigenschwingung hingehört.

Viele Menschen können mit der Schwingung, die jetzt auf dieser Erde herrscht, nicht umgehen – und sie bleiben fest und trotzig in ihren alten Mustern stecken. Sie vertrauen dieser Sicherheit, damit sie nicht verrückt werden. Damit behalten sie auch ihr altes Leben. Dies hast du gefühlt und gesehen. Jene Erde war weit entfernt, da sie weit entfernt ist.

Das Bewusstsein ist der Schlüssel der Wahrnehmung. Das Bewusstsein bestimmt deine Umgebung und nicht die Umgebung das Bewusstsein!

Jeder Mensch weiß intuitiv, wo er hingehört, und fühlt sich dort, wo er ist, auch zu Hause. Wäre es anders, wäre er nicht dort, wo er entschieden hat zu sein.

JJK: Was mich beeindruckte, war vor allem, wie extrem fremd ich mir selbst in dieser Welt vorkam, so, als befände ich mich auf einem anderen Planeten …

SANANDA: Diese Effekte werden jetzt bei Menschen, die eine bestimmte Schwingungsfrequenz stabil halten können, vermehrt auftreten. Auf diese Weise werdet ihr auf die Trennung der Welten vorbereitet und eingeschwungen.

WIE KÖNNEN WIR INNERLICH STABIL BLEIBEN?

JJK: Was können wir tun, um uns innerlich stabil zu halten, wenn wir mitten im Alltagsstress stehen, womöglich wenig Zeit haben und dann von Ängsten zugemüllt werden ...

SANANDA: Ihr müsst euch für euch selbst die Zeit nehmen! Darauf kommt es an. Gibt es Tage, an denen ihr zu nichts mehr imstande seid und nur noch müde in das Bett fällt, dann bittet die lichtvollen Mächte jenseits des Schleiers darum, euch während des Schlafes zu stärken. Engel, Erzengel, Meister und die Quelle allen Seins sind bereit, eure Lasten zu tragen, wenn ihr weder weiterwisst noch weiterkönnt. Ein kurzes Gebet, eine kurze Bitte – eine kurze Absicht im Geiste formuliert – reichen aus und wir stehen mitten in eurem Zimmer.

Während du schläfst, ereignen sich viele Wunder. Lass dich darauf ein und aktiviere sie!

Dein Herz kennt uns und wir kennen dein Herz. Die Verbindung zwischen uns ist unzerstörbar, sobald du wirklich bereit bist, deinen spirituellen Weg mit uns zu gehen.

RUSSLAND, CORONA, KRIEG!?

JJK: Was kommt in naher Zukunft – Russland und Ukraine? Corona? Krieg, Weltkrieg, Atomkrieg?

SANANDA: ***Russland läutet das Ende der alten und neuen Weltordnung ein. Die Mächte des Unlichts täuschen eine Macht vor, über die sie in Wirklichkeit nicht mehr verfügen! Deren Führungsfiguren aus den Schattenreichen wurden von der Erde abgezogen und verbannt.***

Menschen, die diesen Entitäten dienten, sind somit seit einiger Zeit auf sich selbst gestellt – derart unkontrolliert und panisch sind deren Aktionen. Beobachtet es, es ist der Anfang vom Ende – kein Weltkrieg, kein Atomkrieg. Was geschieht, ist: Das Leben kehrt zurück auf diese Erde und zu jenen Menschen, die es achten und mit Liebe segnen.

Alles Unlebendige hat auf der zukünftigen Erde keine Zukunft.

Ich liebe dich unendlich

SANANDA

„Politische Ansichten, persönliche Identifikationen sind unbedeutend, wenn es darum geht, das größte Ziel, das jemals anvisiert wurde, zu erreichen: die Auferstehung einer neuen Menschheit – beginnend bei deiner Wiedergeburt."

JESUS CHRISTUS

AUFERSTEHUNG
TEIL 3

JESUS CHRISTUS

DIE „ALTE NORMALITÄT“
WAS UNS KINDER SPIEGELN
DAS ENERGIEFELD DER LIEBE
MACHT UND KONTROLLE
DAS WESEN DER ACHTSAMKEIT
JUPITER ASCENDING
KAMPF AUF LEBEN UND TOD?
RADIKALE SCHRITTE
TÄGLICHE ARBEIT

7. APRIL 2022

DIE „ALTE NORMALITÄT“

JJK: Auferstehung? Das bedeutet ja, dass wir zuerst sterben müssen – oder das etwas sterben muss, das auferstehen kann! Das bedeutet Veränderung anstatt Anpassung, Unsicherheit statt Sicherheit, Vertrauen in das, was kommt, ohne zu wissen, was kommt. Gerade mit Veränderungen haben viele Menschen – mich eingeschlossen – immer noch ihre liebe Not: Gewohnheiten aufzugeben, Gedankenketten zu verändern oder sogenannte Sicherheiten einfach mal fallen zu lassen.

Das „Große Erwachen“ (Great Awakening) setzt ja noch mehr Flexibilität voraus als der „Great Reset“, wie er von den Eliten des kalten Lichts betrieben wird. Sind wir Menschen dazu überhaupt imstande oder sind wir zu sehr in Gewohnheiten verstrickt? Viele sehnen sich nach der „alten Normalität“, doch diese wird es niemals wieder geben. Ist diese Sehnsucht berechtigt und kann es unter diesen Umständen eine Auferstehung geben?

JESUS CHRISTUS: Ich bin bei dir am Tage, an dem sich der Wandel auf der Oberen Erde erneut beschleunigt.

Dieses Gespräch dient dir, geliebter Mensch, der du bereit bist, eingetretene Pfade zu verlassen und neue, wenngleich auch holprige Wege zu entdecken.

Gehe weiter als du es dir vorstellen kannst, nimm Wege, die im ersten Moment unbequem erscheinen, in Angriff und begreife: ERWACHEN heißt ständige Veränderung.

Wahrlich, nur wer bereit ist, sich vollkommen zu verändern, findet auf das Leben Antworten – und nur wer bereit ist, all seine Glaubensmuster, Vorstellungen und Meinungen sterben zu lassen, kann neugeboren werden und auferstehen.

Das ist die Basis eines spirituellen Lebens: in einem einzigen Augenblick alles ändern zu können!

Freiheit wird durch die Bereitschaft zur Veränderung errungen, einen anderen Weg gibt es nicht. Transformationsarbeit erfüllt den Sinn, die Furcht vor Veränderungen abzulegen und die Verwandlung zu begrüßen – und was von dir innerlich verlangt wird, ereignet sich heute auch im außen. In einer bisher ungekannten Geschwindigkeit beginnt sich alles zu wenden.

Dabei kommt es auf dich an: Entweder du schwingst mit den Veränderungen oder aber du erstarrst innerlich zu einer Säule – unbeweglich erwartest du dein Schicksal. Vom Gestalter zum Verwalter des Lebens ist es oft nur ein kleiner Schritt.

WAS UNS KINDER SPIEGELN

JJK: Ich denke gerade, wie schwer es manchmal ist, eingefahrene Muster oder Verhaltensweisen abzuändern. Kinder sind hier ja ein wunderbarer Spiegel. In meiner Familie ist es so, dass wir den Kindern – abgesehen von wirklich ganz seltenen Ausnahmen – kein Cola kaufen. Natürlich sieht das vor allem unser Jüngster gerne anders. Was verboten ist, ist zugleich auch spannend. So kauft er sich einfach selbst manchmal ein Cola.

Hier könnten Eltern jetzt darauf bestehen und Maßnahmen setzen, womöglich gar Strafen zu verhängen. Schließlich gilt es ja das Beste für das Kind zu erreichen und was das Beste ist, das bestimmen natürlich wir (und Cola ist halt nicht unbedingt ein Heilwasser 😊). Darauf zu beharren, wäre also nur konsequent und logisch.

Meine Frau und ich haben hier jedoch eine ganz entspannte Einstellung – die Kinder nach bestem Wissen und Gewissen aufzuklären, ihnen dann aber bei den Dingen, die sie selbst schon überblicken können und imstande sind zu meistern, selbst die Entscheidung zu überlassen. Dadurch entsteht meist der Effekt, dass die Kinder zuerst ihren eigenen Willen und ihre Freiheit durchsetzen, dann aber sehr oft von selbst erkennen, ob sich einer unserer Hinweise als richtig oder falsch erwiesen hat.

Wir geben dann das Thema einfach ab. Nur manchmal, gestehe ich ein, ist das echt schwierig, aus alten Mustern auszusteigen oder die Elternrolle nicht überzuinterpretieren. Meine Frage: Wo liegt die Grenze zwischen der elterlichen Verantwortung und der Eigenverantwortung der Kinder?

JESUS CHRISTUS: Verantwortung für Menschen oder Kinder zu tragen, heißt, die Menschen zu eigenverantwortlichem Denken, Sprechen und Handeln zu inspirieren. Ziel ist immer, dass der Mensch selbstbewusst und selbstbestimmt Entscheidungen treffen kann. Dies gilt es in einer Welt, die durch Unterdrückung und Selbstaufgabe geprägt war, erneut zu erlernen. Dies ist der einzige Grund, der das Prinzip von „Herrschaft“

so lange rechtfertigt, bis sich die Menschen wieder selbst ermächtigt haben.

Am Ende ist ein jeder Mensch sein eigener Herrscher und er braucht weder Gesetze noch Institutionen, die ihm etwas vorgeben.

Auch bei Kindern ist das dergestalt. Hier gilt es zu unterscheiden: Verantwortung, die die Eltern von Natur aus tragen und Verantwortung, die sich die Eltern selbst durch ihre Muster aufladen.

Die natürliche Verantwortung von Eltern besteht darin, dass sie ihren Kindern ein Umfeld bieten, indem sie sich seelisch frei entfalten können.

Kinder brauchen von den Eltern vor allem nur eine Gewissheit: dass sie so, wie sie sind, richtig sind und geliebt werden. Kein Kind soll sich für die Mutter- oder Vaterliebe qualifizieren müssen. Die göttliche Natur im Menschen ist reine bedingungslose Liebe, alles andere ist Nebensache.

Kinder entwickeln sich ihren Seelenplänen gemäß und sie ziehen eigene Erfahrungen an – sie gestalten ihr Schicksal selbst.

Deshalb ist es wichtig, Achtsamkeit zu üben, und das heißt, sich auf Veränderungen einzustellen, sie anzunehmen und zu akzeptieren - auch, und vor allem dann, wenn du anderer Ansicht bist oder wenn du mit unerwünschten Ereignissen konfrontiert bist. Je weniger Muster und Programmierungen du hast, desto leichter fällt dir diese wichtige Übung. Frei von eigenen Meinungen zu sein, können sich viele Menschen gar nicht vorstellen. Jedoch genau an diesem Punkt beginnt Freiheit - deine Freiheit, die Freiheit der Mitmenschen und die deiner Kinder.

JJK: Meine Eltern sagten zwischen dem 14 und 18 Lebensjahr, als ich gerade begann, mein eigenes Leben zu leben, wiederholt zu mir: „Solange du in unserem Haus wohnst, wirst du auch tun, was wir sagen." Damit verbunden war der obligatorische Kirchenbesuch am Sonntag - was bei mir zu dieser Zeit gar nicht mehr ging! Natürlich war für mich dann nichts wichtiger, als schnell meine Koffer zu packen und auszuziehen.

JESUS CHRISTUS: Gebt den Kindern Schutz, doch achtet darauf, dass sie sich frei entfalten - und dass sie ihre Grenzen täglich neu definieren und ausweiten können.

Was du erlebt hast, war das Gegenteil davon, bedeutet dir aber keine Last mehr, sondern ist zu einer wesentlichen Hilfe für deine Erkenntnisprozesse und für das Verständnis deinen Mitmenschen gegenüber geworden.

JJK: Frei nach Goethes Faust: „[Ich bin] ein Teil von jener Kraft, die stets das Böse will und stets das Gute schafft…"

JESUS CHRISTUS: Im und beim Einzelnen wie für das Ganze und das Große – erkennst du die Tiefe eines Unglücks, hast du den Weg des Glücks beschritten.

JJK: Großes Erwachen (Great Awakening) oder der Große Neustart (Great Reset)? Was kommt? Auf welche Veränderungen und auf welche Zeitlinie dürfen wir uns einstellen?

JESUS CHRISTUS: Das Erwachen der Menschen findet statt. Durch die hohen Lichtenergien, die unentwegt zur Erde strömen, werden die Muster, Meinungen, Programmierungen und Glaubenssätze der Menschen einfach hinweggefegt. Nur wer krampfhaft daran festhalten will, bleibt aufgrund seines freien Willens davon unerreicht.

Mittlerweile ist es schwieriger, sich von diesen hohen Frequenzen fernzuhalten als sie zu integrieren. Die Menschen, die sich standhaft verweigern, werden ihren Aufstieg zu anderer Zeit vollziehen und diese Menschen sind in dieser Botschaft nicht angesprochen.

DAS ENERGIEFELD DER LIEBE

Alle Menschen, die sich für die hineinströmenden Energien ein klein wenig öffnen, können ab einem bestimmten Punkt am Alten gar nicht mehr festhalten. Die hohen Frequenzen leiten zu höher schwingenden Gedanken an und führen schließlich zu lichtvollen Handlungen.

Durch dieses Energiefeld der Liebe werden jetzt immer mehr Menschen verbunden und das wirkt sich sichtbar aus. Es ist wenig hilfreich, jetzt in Weltuntergangsszenarien zu verfallen, denn die Welt wird weder untergehen noch wird die Menschheit in einem Desaster enden.

Gnade, wie noch nie zuvor, wird ausgeschüttet, rettende Anker werden ausgeworfen und Leuchttürme, sichtbar für alle Menschen, entstehen

wie aus dem Nichts. Wenn die Not groß ist und größer wird, ist die göttliche Hilfe nahe – sehr nahe.

Vergesst bitte niemals: Die Erhebung gehorcht dem göttlichen Plan – und wer ist imstande, einen göttlichen Plan zu durchkreuzen?

MACHT UND KONTROLLE

Auch wenn ihr es wolltet, es funktioniert nicht mehr, dass ihr am Alten festhaltet. Vor allem eure Kontrollmechanismen werden jetzt infrage gestellt.

Denn etwas oder jemanden kontrollieren zu wollen, ist das exakte Gegenteil von Vertrauen und Urvertrauen. Euer Kontrollwahn wird jetzt auf eine harte Probe gestellt, es sei denn, ihr legt diesen von selbst ab.

Längst merkt ihr, dass ihr nichts mehr kontrollieren könnt. Vielen Menschen ist gar nicht bewusst, wie viel Macht sie im Kleinen ausüben und wie sehr sie ihre Umgebung manipulieren – im Großen wie im Kleinen. Was du auf der Weltenbühne erlebst und ablehnst, ereignet sich auch im Kleinen.

Sei nicht länger ein Teil von etwas, was du innerlich ablehnst, wenn es mit dir geschieht. Forsche nach deinen Machtthemen, denn sie sind immer mit Kontrollthemen verbunden. Diese Fixierungen werden jetzt gelöst - so oder so: Sie werden entweder von dir selbst oder aber durch die äußeren Ereignisse hinweggefegt.

Bedenkt bitte stets, dass heute Jahrtausende der Unfreiheit erlöst werden. Dementsprechend gestalten sich die Ereignisse. Viele Menschen waren niemals frei und erfahren jetzt zum ersten Mal, was es mit der Freiheit auf sich hat. Durch die Einschränkungen, die ihr in den letzten zwei Jahren erlebt habt, wird der Begriff von Freiheit neu bewertet und eine grundsätzlichere Wahrnehmung hat eingesetzt.

Je stärker der Druck von außen wird, je mehr man euch versklaven und kontrollieren will, desto stärker wird der Wille zur Freiheit - wie im Kleinen so im Großen. Was du bei Kindern beschreibst, trifft auch auf die geopolitische Weltlage zu.

Was unter den Begriff „Great Reset" jetzt stattfinden soll, entwickelt sich immer mehr zum „Großen Erwachen".

Ihr werdet im Feuer der Ereignisse geschmiedet und veredelt. Manchmal ist es schmerzvoll, da ihr festklammert, manchmal ist es erhaben, da ihr euch entspannt und losgelassen habt.

Nicht alle werden auf diese Weise erwachen, aber es sind genug Menschen, die die Fackel des Lebens entzünden und in die Welt tragen. Es sind ausreichend viele Seelen auf der Erde inkarniert, die vorangehen und jenen, die noch zögern, voraus leuchten.

JJK: Was heißt eigentlich „Achtsamkeit“?

DAS WESEN DER ACHTSAMKEIT

JESUS CHRISTUS: Nicht der, der bewahrt, was ist, sondern der, der innerlich beweglich bleibt und sich jederzeit auf Veränderungen einlassen kann, hat das Prinzip von Achtsamkeit verwirklicht.

Achtsamkeit heißt, beweglich zu sein und beweglich zu bleiben, heißt, frisch und unschuldig auf das Leben zu blicken – und wer innerlich frei ist, ist auch beweglich, ist frei und bleibt geistig frisch.

JJK: Alles stellt sich um! Ich glaube, es gibt kaum einen Menschen auf dieser Erde, dem das heute noch nicht aufgefallen wäre. Etwas Großes ist im Gange. Doch warum ist es für viele Menschen so schwer, Gewohnheiten aufzugeben und Veränderungen anzunehmen? Warum sehnen sich die meisten Menschen nach der „alten Normalität" zurück, zumal ja auch diese nicht „normal" war. Die Welt ist ja mindestens schon krank, seit ich denken kann, wahrscheinlich aber schon seit es die Geschichtsschreibung gibt.

JESUS CHRISTUS: Darum kam ich vor 2000 Jahren zu euch, um die starren Strukturen der Gesellschaft aufzubrechen und die Verhärtungen der Menschenseelen aufzuweichen. Falsche Glaubenssätze bestimmten damals und bestimmen auch heute noch die Zeit – und die einzelnen Schicksale von Menschen.

Mit dem Glauben entscheidet sich alles und durch Glaubenssätze definierst du die Wahrnehmung von der Welt. Glaubenssätze bieten eine scheinbare Sicherheit und so halten viele auch an dem Glauben, es sei vor Corona besser gewesen, fest.

Vor zwei Jahren war die Welt nicht besser, die Fäulnis konnte nur besser verborgen werden.

Das ist heute unmöglich. Es zeigt sich der Zustand der ganzen Gesellschaft und dies ist kein schöner Anblick. Dieser erste Schritt der Heilung ist unverzichtbar und entspricht einer Operation, die schmerzvoll ist – und je mehr jemand am Alten festhält oder es sich zurückwünscht, desto schmerzvoller ist dieser Eingriff.

Am Ende wird die Menschheit aufwachen, auferstehen und neugeboren. Die dunkle Matrix wird überwunden werden – die Menschen werden sich hinausbewegen und sie einfach verlassen: OHNE Konflikte, OHNE Kriege, OHNE Leid oder Schmerz – es geschieht ganz einfach in einem Akt von entwickelter Bewusstheit.

So, wie eine Raupe den Kokon abstreift, nachdem die Metamorphose zum Schmetterling vollzogen ist, so wird der Mensch dieser Matrix einfach entschwinden.

Dieser Vorgang ist bereits im Gange, er beschleunigt sich mit jedem Tag und zieht immer mehr Menschen in seinen Bann.

WANN, WENN NICHT JETZT!?

Die Beschleunigung kannst du darin ablesen, dass du jetzt auf direkte und unmissverständliche Weise mit deinen Schatten konfrontiert wirst. Die tiefen Schichten deines Unbewussten werden freigelegt – und es geschieht ohne Pause, ohne falsche Rücksichtnahme und mit Dringlichkeit. „Wann, wenn nicht jetzt" ist die Devise und diesem Anspruch ist alles geweiht.

Es gibt kein Entrinnen mehr, denn du musst dich jetzt entscheiden: VERTRAUEN in Gott oder an irdischen Sicherheiten festhalten?

JJK: Besser den Spatzen in der Hand als einen ADLER am Dach?

JESUS CHRISTUS: Den ADLER auf der offenen Hand, sodass er FREI fliegen kann. Das, was du liebst, loszulassen, damit es, wenn es sein soll, freiwillig zu dir zurückkehren kann – und dich mit weniger als deiner ganzen Freiheit als göttliches Menschenwesen nicht zufriedenzugeben!

Mit Gott kannst du alles erreichen und was du erreichst, ist immer vollkommen.

Es gibt keine Trennung und es gibt auch nichts zu entscheiden, sobald du dich für Gott entschieden hast – kein ENTWEDER-ODER, sondern immer ein SOWOHL ALS AUCH. Nur solange du von der Quelle getrennt bist, springst du von einer zur anderen Entscheidung. Die einzige Entscheidung, die ein Mensch jemals treffen muss, ist: für und mit Gott zu leben oder ohne Gott zu existieren?

Hast du dich erst für Gott entschieden, dann gibt es nichts mehr zu entscheiden.

JJK: Ich bin innerlich zutiefst davon überzeugt, dass am Ende alles gut wird. Ich bin überzeugt davon, dass wir am Ende in ein lichtvolles Zeitalter eintreten werden – sicher nicht alle Menschen, aber sehr, sehr viele. Was mich darin bestärkt, ist die Hektik, mit der der sogenannte „Great Reset“ umgesetzt werden soll – zu viele negative Veränderungen in zu kurzer Zeit.

Die Menschen erkennen zunehmend, dass hier etwas nicht stimmt und völlig aus dem Ruder läuft. Dann das politische Personal – es ist offensichtlich, dass wir von Dummen für dumm verkauft werden sollen. Auch habe ich, seitdem ich als Schreiber der spirituellen Lichtebenen fungiere, noch niemals eine Botschaft erhalten, die auch nur im Geringsten den positiven Wandel angezweifelt hätte. Am Ende wird alles gut und lichtvoll. Das steht mal fest!

JUPITER ASCENDING

Dazu habe ich vor ein paar Tagen einen sehr aufschlussreichen Film, Jupiter Ascending (aufsteigender Jupiter), aus dem Jahre 2015 gesehen.

Die Handlung ist so weit Hollywood-Durchschnitt, die Effekte recht beeindruckend, jedoch aufgrund der Wiederholungen gewöhnt man sich rasch daran.

Das Herausragende sind jedoch ein paar Dialoge, die es in sich haben. Der amerikanische Science-Fiction-Film beginnt dystopisch und zunächst ist die Rede von der „Ernte der Menschheit“, sobald sie eine bestimmte Population erreicht hat. Bei Minute 52 und 20 Sekunden erklärt die mächtige Herrscherin des Universums, Königin und zugleich Besitzerin der Erde:

„Euer Planet (gemeint ist die Erde) tritt erst jetzt in sein genetisches Zeitalter ein. Ihr versteht sehr wenig von etwas, was ein Hauptbestandteil unserer Realität ist.

In unserer Welt haben Gene eine fast spirituelle Bedeutung, sie sind der Quell unserer Unsterblichkeit. Wenn exakt dieselben Gene in derselben Reihenfolge erscheinen, ist das für uns wie eine Reinkarnation. (...) Eure Erde ist ein sehr kleiner Teil einer sehr großen Industrie. Nektar – aus Menschen, für das ewige Leben. Euer Planet ist eine Farm."

Bei 1 Stunde, 34 Minuten und 50 Sekunden führt der Thronerbe aus: *„Die Menschen auf deinem (gemeint ist die Erde) Planeten sind nichts weiter als Rohstoff, der darauf wartet, in Gewinn verwandelt zu werden. (...) Meine Mutter hat mir verdeutlicht, dass jede menschliche Gesellschaft eine Pyramide ist und dass manche Leben immer bedeutender sein werden als andere."*

Die Erde wird in diesem Film von außerirdischen Mächten ausgebeutet und die Menschen selbst als Nahrungsquelle für das ewige Leben von Eliten, die auf einem anderen Planeten leben, missbraucht. Dann kommt aber das befreiende Ende. In einem Kampf auf Leben und Tod werden die ausbeuterischen Eliten vernichtet und eine Menschenfrau namens Jupiter Jones (russischer Abstammung) erbt die Erde und wird als neue Königin eingesetzt.

Am Ende des Films wird sie auf dem Dach eines Wolkenkratzers von ihrem Beschützer – einem genetisch produzierten, aus Mensch und Wolf gekreuztem Ex-Militär-Jäger – gefragt, ob sie ihrer Familie je verraten wird, dass ihr jetzt die Erde gehört.

(Der Wolf steht hier für Freiheit, Schutz und Vertrauen in deine eigene Kraft und in die Kraft der Gemeinschaft. Anm. JJK)

Darauf die neue Majestät: *„Ich muss selbst erst verstehen, was das bedeutet, dass mir die ERDE gehört."*

DER BESCHÜTZER UND FREUND spricht dann den zentralen Satz des ganzen Films und liefert die Botschaft, auf die es für mich ankommt:
„Vielleicht bedeutet das nur, dass eurer Majestät Planet eine andere Zukunft erwartet, als vorgesehen war."

(Der Ex-Militär und Wolfsmensch bekommt schließlich auch seine Flügel zurück und sieht aus – obwohl ganz in schwarz – wie ein Engel.)
(BERICHT JJK ENDE)

KAMPF AUF LEBEN UND TOD?

Eine andere Zeitlinie, als es die Herren von Davos planen, das ist für mich der Dreh- und Angelpunkt. Neben den spirituellen Ebenen transportiert sogar das abgründige Hollywood diese Botschaft. Alles wird ein gutes Ende finden – in diesem Film allerdings erst nach einem sehr intensiven Kampf auf „Leben und Tod".

JESUS CHRISTUS: Die Ereignisse fordern immer mehr Menschen dazu auf, sich für ihr Leben einzusetzen, aufzustehen, Flagge zu zeigen. Dabei kämpft zunächst ein jeder noch seinen eigenen Kampf, den Kampf gegen die eigenen inneren Widerstände und Zweifel. Danach weitet sich dieser Kampf auf das außen aus und immer mehr Menschen wagen sich aus der Deckung. Einzelmeinungen spielen keine Rolle mehr, jetzt verbinden sich die Menschen zu einer einzigen gemeinsamen Kraft für Freiheit und Frieden.

Die Kraft von Freiheitsbewegungen steigt in dem Maße, wie ihr imstande seid, das, was euch trennt, zu überwinden.

Verstehst du jetzt, warum es so essenziell ist, deine inneren Themen, Ideologien, Meinungen und Glaubenssätze zu hinterfragen?

Politische Ansichten, persönliche Identifikationen sind unbedeutend, wenn es darum geht, das größte Ziel, das jemals anvisiert wurde, zu erreichen: die Auferstehung einer neuen Menschheit – beginnend bei deiner Wiedergeburt.

Wie willst du das bewerkstelligen, wenn du dein Leben versicherst, das Ersparte nicht ausgeben kannst und eine neue Arbeit für dich ein zu großer Umbruch wäre?

Mit alten Sicherheiten das Neue in Angriff zu nehmen, ist, wie guten Wein in alte Schläuche zu füllen.

RADIKALE SCHRITTE

Diese Zeit fordert dich auf, radikale Schritte zu setzen, Schritte, die du bisher nicht einmal in Erwägung gezogen hast. Altes aufzugeben, etwas loszulassen ist mehr als ein esoterisches Konzept. Das ist die Anforderung an dich und es zeigt sich in diesen Tagen, wie ernst dir deine eigene Transformation ist.

Ein „Kampf auf Leben und Tod", ein innerer Kampf auf Leben und Tod, der, sobald er ausgefochten ist, das äußere Kämpfen erübrigt. Ist dir bewusst, wie weitreichend die Folgen deiner Transformation sind? Das „Weltfriedensreich" entsteht wahrlich in dir. Dafür lohnt sich jeder Einsatz. Die Brücke deiner Sehnsucht überquerst du nur mit Gott und es ist unbedeutend, welcher Abgrund sich unter dir auftut.

JJK: Veränderungen zu begrüßen und sich selbst dem Wandel auszusetzen, der eigenen Verwandlung hinzugeben – alles mit Gott und alles ist möglich. Soweit kann ich dieses abschließende Gespräch für dieses Buch zusammenfassen.

Was aber können wir tun, wenn wir – wie aktuell – mit unglaublich vielen Angstszenarien konfrontiert und überschüttet werden: Ukraine, Atomkrieg, Weltkrieg, Corona-Diktatur, Klima-Diktatur, Wirtschaftskrise, usw. Wie ist damit im Alltag konkret umzugehen?

Denn ich merke, dass es ja kaum möglich ist, diesen Angstenergien ganz zu entkommen, vor allem, wenn man in einer Stadt lebt!

Kannst du abschließend dazu etwas sagen?

TÄGLICHE ARBEIT

JESUS CHRISTUS: Diese massiven Energien verlangen von dir tägliche Arbeit. Bis du ständig mit Gott verbunden bist, gilt es regelmäßig zu meditieren und die Medien nur eingeschränkt zu konsumieren. Sobald du mit Gott in deinem Herzen einschläfst und mit Gott wieder aufwachst, stellt sich diese Frage nicht mehr. Wie machst du es, Jahn?

JJK: Ich werde auch noch von niedrig schwingenden Energien hinuntergedrückt. Was ich jedoch merke, ist, dass das nicht lange anhält. Sobald ich es mir bewusst mache und in eine kurze Meditation gehe, am besten mit dem Kristallwürfel des Aufstiegs [15], lösen sich die Wolkenfelder rasch und nachhaltig auf. Es ist ein sehr schneller Prozess, durch den ich klar werde und klar bleibe.

JESUS CHRISTUS: Das ist für jeden Menschen nicht nur erreichbar, sondern es ist dein Anrecht als Mensch in deinen Energien klar, zentriert und auf die Liebe ausgerichtet zu bleiben.

Beanspruche es, indem du etwas dafür tust und dich mit deinem spirituellen Bewusstsein verbindest.

Dann kann dir offenbart werden und es werden dir Auswege aufgezeigt.

Was die Menschen unten hält, ist die anhaltende Wahrnehmung der Welt aus der 3D-Perspektive. Das muss zu Frustration führen und es schwächt deinen gesamten Energiekomplex. Es geht nicht darum, die 3D-Ebene zu leugnen, sondern mit dieser Ebene richtig umzugehen, zu sehen, was ist, und innerlich unberührt zu bleiben – Mitleid in Mitgefühl und Angst in Liebe zu verwandeln. Dies als ständiger Prozess hält Schaden von dir fern und bringt dir Freiheit – in aller Kürze: von der Welt zu sein, die Welt aber nicht in dich hineinzulassen.

JJK: Aufzuerstehen und wiedergeboren zu werden in Gott – und dafür bereit zu sein, alles aufzugeben und loszulassen ...

JESUS CHRISTUS: Das ist es, worum es jetzt geht und worum es immer ging.

Des Menschen Reise von hier ins Christusbewusstsein dauert Äonen. Ich aber sage euch: Noch niemals wurden so viele Menschen gerufen und noch niemals waren so viele Menschen bereit.

Sei frei von Furcht und voller Vertrauen in Gott! Dieser Zyklus geht zu Ende und ein neuer Kreis beginnt.

Alles, was jetzt vergeht, vergeht zum letzten Mal, denn du erbst das Himmelreich auf Erden – in Ewigkeit! Gott ist mitten unter euch und ich bleibe bei dir bis ans Ende dieser Tage.

In vollkommener Liebe

JESUS CHRISTUS

(Fortsetzung folgt…)

LITERATUR UND QUELLENVERZEICHNIS

1 ERLÖSUNG, Meisterdialoge 9, Lichtwelt Verlag, 2020

2 VOLLENDUNG, Meisterdialoge 10, Lichtwelt Verlag, 2021

3 Jesus und Sai Baba, Govinda Sai Verlag, S.195

4 Die Corona-mRNA-Impfung, VOLLENDUNG, Meisterdialoge 10, Lichtwelt Verlag, 2021, S. 339

5 Das Gesetz des Einen, Das Ra-Material, Reine Textausgabe, S. 266

6 Babaji spricht: Prophezeiungen und Lehren, G. Reichel Verlag, S. 76 ff.

7 Genesis, 1. Buch Mose, Kapitel 19, Vers 16

8 Jesus und Sai Baba, Govinda Sai Verlag, S. 361

9 Babaji spricht: Prophezeiungen und Lehren, G. Reichel Verlag, S. 101

10 Jesus und Sai Baba, Govinda Sai Verlag, S. 271

11 Der Weg durchs Feuer, Irina Tweedie, Heyne, S. 760

12 Die Harmonisierer, VOLLENDUNG, Meisterdialoge 10, Lichtwelt Verlag, 2021, S. 225

13 18 Uhr Licht, Lichtwelt Verlag, 2021

14 Frische Sicht: https://www.frischesicht.de/donbass-ukrainische-armee-nimmt-kinderheim-unter-beschuss/

15 Kristallwürfel des Aufstiegs, Christusbewusstsein 11 (CB11),Lichtwelt Verlag, 2015, mit Arbeitsbuch, gebundene Ausgabe

16 Jesus und Sai Baba, Govinda Sai Verlag, S. 260

17 Gnade in Hülle und Fülle: https://lichtweltverlag.at/2022/05/02/gnade-in-huelle-und-fuelle/

PUBLIKATIONEN JAHN J KASSL

BEFREIUNG
Lichtwelt Verlag, gebundene Ausgabe (2021)
SANANDA OFFENBARUNGEN – TEIL II
Lichtwelt Verlag, gebundene Ausgabe (2021), eBook (2012)
VOLLENDUNG
Lichtwelt Verlag, gebundene Ausgabe (2021)
GELASSENHEIT IM STURM
Lichtwelt Verlag, gebundene Ausgabe (2021)
ERLÖSUNG
Lichtwelt Verlag, gebundene Ausgabe (2020)
SANANDA OFFENBARUNGEN – TEIL I
Lichtwelt Verlag, gebundene Ausgabe (2020), eBook (2010)
ENTSCHEIDENDE JAHRE DER MENSCHHEIT
Lichtwelt Verlag, gebundene Ausgabe (2020)
DU BIST BEHÜTET
Lichtwelt Verlag, gebundene Ausgabe (2021, 2019)
LICHTSPUR IN DAS GOLDENE ZEITALTER
Lichtwelt Verlag, gebundene Ausgabe (2019)
SPRACHE DER SEELE – 13 SCHLÜSSEL DES LEBENS
Lichtwelt Verlag, gebundene Ausgabe (2019), eBook (2011)
WANDEL DER HERZEN
Lichtwelt Verlag, gebundene Ausgabe (2018)
ATMAR – JENSEITS ALLER KONZEPTE
Lichtwelt Verlag, gebundene Ausgabe (2018)
KURS ZUR FREIHEIT – BABAJI
Lichtwelt Verlag, gebundene Ausgabe (2018), eBook (2012)
IM ZEICHEN DES WANDELS
Lichtwelt Verlag, gebundene Ausgabe (2018)
JETZT BIST DU DA – TAGEBUCH EINES ERWACHENS
Lichtwelt Verlag, gebundene Ausgabe (2017)
KURS IM KREIEREN – PAUL DER VENEZIANER
Lichtwelt Verlag, gebundene Ausgabe (2017), eBook (2012)

DIE ERDE WIRD NICHT ZERSTÖRT!
Lichtwelt Verlag, gebundene Ausgabe (2017)
30 TORE ZUR ERLEUCHTUNG
Lichtwelt Verlag, gebundene Ausgabe (2020, 2017), eBook (2012)
ES WIRD STILL AUF DIESER WELT
Lichtwelt Verlag, gebundene Ausgabe (2016)
DIE JESUS BIOGRAFIE - TEIL I
Lichtwelt Verlag, gebundene Ausgabe, 4. Auflage (2020), eBook (2010)
DIE GROSSE ZEIT IST GEKOMMEN
Lichtwelt Verlag, gebundene Ausgabe (2021, 2015)
KRISTALLWÜRFEL DES AUFSTIEGS - MIT ARBEITSBUCH
Lichtwelt Verlag, Sondereinband (2015)
LICHT I - HEILUNG DURCH GOTT
Lichtwelt Verlag, gebundene Ausgabe, 2. Auflage (2018), eBook (2011)
ELIJA PROPHEZEIUNGEN 49 - 65
Lichtwelt Verlag, eBook (2014)
TELOS, WILLKOMMEN IN AGARTHA
Lichtwelt Verlag, gebundene Ausgabe (2020, 2015, 2014), eBook (2015)
LEBEN, BAND I
Lichtwelt Verlag, gebundene Ausgabe (2021, 2013), eBook (2014)
ELIJA PROPHEZEIUNGEN 1-48
Lichtwelt Verlag, eBook (2013)
TROMMELSCHLAG DES SCHÖPFERS
Lichtwelt Verlag, eBook (2013)
DER LICHTNAHRUNGSPROZESS
Lichtwelt Verlag, eBook (2011)
DIE JESUS BIOGRAFIE - TEIL II
Lichtwelt Verlag, gebundene Ausgabe (2021, 2011), eBook (2010)
2026 OFFENBARUNGEN GOTTES
Lichtwelt Verlag, gebundene Ausgabe (2021, 2011), eBook (2010)
LICHT II
Lichtwelt Verlag, gebundene Ausgabe (2009), eBook (2010)

Alle Titel erhältlich im Lichtwelt Verlag – www.lichtweltverlag.at